JOURNAL ASIATIQUE

OU

RECUEIL DE MÉMOIRES

D'EXTRAITS ET DE NOTICES

RELATIFS À L'HISTOIRE, À LA PHILOSOPHIE, AUX LANGUES ET À LA LITTÉRATURE DES PEUPLES ORIENTAUX

UNE INSCRIPTION DU ROYAUME DE NAN-TCHAO

PAR

ÉDOUARD CHAVANNES

(Extrait du numéro de Novembre-Décembre 1900)

PARIS
IMPRIMERIE NATIONALE

MDCCCCI

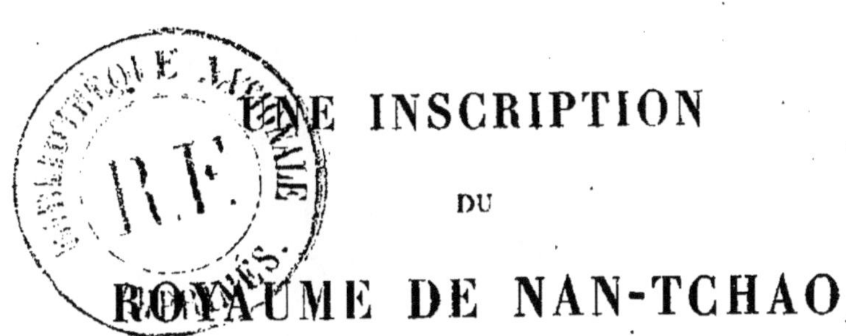

UNE INSCRIPTION

DU

ROYAUME DE NAN-TCHAO

UNE INSCRIPTION

DU

ROYAUME DE NAN-TCHAO

PAR

ÉDOUARD CHAVANNES

EXTRAIT DU JOURNAL ASIATIQUE

PARIS

IMPRIMERIE NATIONALE

MDCCCCI

UNE INSCRIPTION

DU

ROYAUME DE NAN-TCHAO.

INTRODUCTION.

L'inscription dont on va lire plus loin la traduction a été gravée en l'an 766 de notre ère, sous le règne de *Ko-lo-fong* 閣羅鳳, roi du *Nan-tchao* 南詔, et érigée dans la ville de *T'ai-ho tch'eng* 太和城, capitale de ce roi, à 15 *li* au sud de la ville préfectorale de *Ta-li* 大理, dans la province de *Yun-nan*. Ce monument subsiste encore de nos jours dans l'endroit même où il fut placé; mais il est fort endommagé, et, sur 3,800 mots que comptait l'inscription, on n'en peut guère déchiffrer maintenant que 800; l'estampage que je dois à l'obligeance de quelques missionnaires français en Chine, est même loin de présenter un aussi grand nombre de caractères lisibles[1]. On s'explique aisé-

[1] J'exprime ici tous mes remerciements au P. Le Guilcher, à Mgr Excoffier et aux RR. PP. Havret et Chambeau qui ont bien voulu s'occuper de me procurer cet estampage. Cette pièce se compose de quatre feuilles de papier collées de manière à former un rectangle; mais la feuille supérieure de gauche devrait en réalité se trouver à droite des feuilles de droite; des quelques cas où le texte du *Kin che tsoei pien* présentait de légères différences avec celui du

ment l'état de dégradation de cette stèle en apprenant que, lorsque l'épigraphiste *Wang Tch'ang* 王昶 (1724-1806) la découvrit, elle gisait à terre et était connue dans la région sous le nom significatif de « pierre à aiguiser les couteaux[1] ». En réalité, la teneur de cette inscription resterait pour nous lettre close si le texte complet ne nous en avait pas été conservé dans le *Yun-nan t'ong tche* 雲南通志 dont la première édition date de 1691. Ce texte a été réédité par *Wang Tch'ang* dans le chapitre CLX du *Kin che tsoei pien* 金石萃編, publié en 1805, et par *Che Fan* 師範 dans la 7e partie du VIIIe livre du *Tien hi* 滇繫 publié en 1807. Ce sont les pages du *Tien hi* contenant cette inscription que nous reproduisons ci-après.

Sur le verso de la stèle étaient gravés les noms des principaux officiers du royaume de *Nan-tchao;* cette nomenclature n'a guère d'autre intérêt que de nous faire connaître quelques titres et quelques fonctions publiques; on la trouvera, ou du moins on trouvera les fragments qui en ont subsisté sur la stèle, dans le CLXe chapitre du *Kin che tsoei pien.*

Sans récrire l'histoire du *Nan-tchao*[2], il importe de rappeler quels sont les événements auxquels il est fait allusion dans l'inscription.

Tien hi, un seul a pu être contrôlé au moyen de cet estampage; dans les autres cas, le texte s'est trouvé illisible.

[1] 俗呼爲磨刀石 (*Tien hi,* VIII, 7, p. 14 v°).

[2] Le chapitre de l'histoire des *T'ang* relatif au *Nan-tchao* a été traduit par M. E. H. PARKER (*The early Laos and China,* dans

P'i-lo-ko 皮羅閣, père et prédécesseur de *Ko-lo-fong*, est le véritable fondateur du royaume de *Nan-tchao*. Lorsqu'il monta sur le trône en l'an 728[1], il ne possédait qu'un petit territoire qui est le district actuel de *Mong-hoa* 蒙化, au sud de *Ta-li fou*. Comme son nom de famille était *Mong*, on appelait ce pays le *Mong-cho tchao* 蒙舍詔, c'est-à-dire le *Tchao* demeure de (la famille) *Mong*; on lui donnait aussi le nom de *Nan-tchao* ou *tchao* méridional. Le mot *tchao* est un mot de la langue *thaïe* qui signifie « roi »; on le retrouve encore aujourd'hui dans le titre du roi de Siam et dans celui de tous les chefs laotiens de l'Indo-Chine centrale. Il est probable que, comme on l'admet généralement aujourd'hui[2], la famille princière du *Nan-tchao*, sinon toute la population de ce pays, appartenait à un rameau de la race thaïe.

Au nord du *Nan-tchao* ou *tchao* méridional s'échelonnaient cinq autres principautés qui formaient avec lui les six *tchao*. On rencontrait d'abord les trois *Lang* 三浪, ainsi nommés parce que les habitants étaient appelés des *Lang* 浪人[3]; les trois *Lang*

China Review, vol. XIX, p. 67-106). L'histoire du *Nan-tchao* a été racontée par le même sinologue (*The old thai, or Shan Empire of Western Yunnan*, dans *China Review*, vol. XX, p. 337-346) et par M. E. Rocher (*Histoire des princes du Yun-nan*, dans *T'oung pao*, vol. X, p. 1-32, 115-154, 337-368, 437-458).

Seizième année *k'ai-yuen*.

[2] C'est l'opinion soutenue par M. E. H. Parker dans les articles précités de la *China Review*, et par M. Pierre Lefèvre-Portalis (*L'invasion thaïe en Indo-Chine* dans *T'ong pao*, vol. VIII, p. 57).

[3] *Tien hi*, VII, 1, p. 57 r°.

étaient : 1° le *Che-lang tchao* 施浪詔, qui occupait le territoire actuel de *Mong-ts'e-ho* 蒙次和, dans la sous-préfecture de *Lang-k'iong*[1]; 2° le *Teng-chan tchao* 邆賧詔[2], qui est aujourd'hui la préfecture secondaire de *Teng-tch'oan* 鄧川; 3° enfin le *Lang-k'iong tchao* 浪穹詔, qui correspond à la sous-préfecture moderne de *Lang-k'iong*.

Plus au nord était le *tchao* de *Yue-si* 越析詔 dont la capitale était sur l'emplacement de la ville actuelle de *Li-kiang fou* 麗江. On l'appelait aussi le *Yue-si Mo-so tchao* 越析麽些詔 et cette dénomination indique que, dès cette époque, cette région était habitée par des tribus *mo-so* d'origine tibétaine[3].

Le plus septentrional des six *tchao* était celui de *Mong-hi* 蒙巂詔, dont le nom rappelle celui de

[1] Cette identification et celles qui vont suivre sont tirées du *Tien hi*, VII, 2, p. 5 r°. Cf. Devéria, *La frontière sino-annamite*, p. 120, n. 1.

[2] Le mot 賧 *chan* se retrouve dans un grand nombre de noms de lieux; il est souvent écrit 賧 *tan* ou 賧 (prononcé *kien*, ap. *Tien hi*, I, 2, p. 19 v°); c'était un mot indigène qui signifiait « arrondissement » 州 (*Tien hi*, I, 1, p. 22, r°); il correspond au mot siamois ou laotien qu'on écrit *Xieng* ou *Keng* (Parker, *China Review*, vol. XIX, p. 75, n. 65; Devéria, *La frontière sino-annamite*, p. 101, n. 1).

[3] Le dictionnaire de *K'ang-hi* indique que le mot 些 se prononce ici *so* 娑. Les *Mo-so* ont été étudiés par le P. Desgodins (« Notes ethnographiques sur le Thibet », dans *Annales de l'Extrême-Orient*, juillet 1879), par Terrien de La Couperie (*Beginnings of writing around Tibet*, dans *Journal of the Royal Asiatic Society*, 1885, n. s., vol. XVII, p. 454-470, avec des fac-similés de deux manuscrits mosso), par Devéria (*La frontière sino-annamite*, p. 164-166, avec un fac-similé de manuscrit mosso), par M. C. E. Bonin (« Note sur un manuscrit mosso », dans *Actes du XIe Congrès international des*

l'ancienne commanderie de *Yue-hi*[1] 越嶲郡 qui occupait le même territoire. Cette principauté s'étendait sur toute la vallée de *Kien-tch'ang* 建昌 et avait pour capitale la ville actuelle de *Ning-yuen fou* 寧遠, qui est située dans le sud-ouest de la province de *Se-tch'oan*, non loin de la petite rivière *Ngan-ning* 安寧, affluent de gauche du *Ya-long kiang*[2].

Tant que les six *tchao* restaient divisés, aucun d'eux n'était redoutable; il était de l'intérêt du gouvernement chinois de maintenir cet état de désunion qui les affaiblissait. Mais *P'i-lo-ko*, roi du *Nan-tchao*, était ambitieux et le représentant de la Chine dans les régions du sud-ouest était vénal; il le gagna par des présents; puis, sûr de n'être pas inquiété de ce côté, il attaqua et vainquit les cinq autres *tchao*. Devenu seul roi d'un grand royaume, il transféra sa capitale à *T'ai-ho tch'eng*, près de la ville actuelle de *Ta-li fou;* la cour de Chine le combla d'honneurs et lui décerna le titre de roi du *Yun-nan;*

Orientalistes, 2e section, p. 1-10). — Les *Mo-so* sont de race tibétaine; les six *tchao* n'étaient donc pas tous de race thaïe.

[1] Devéria, *La frontière sino-annamite*, p. 120, n. 1 : «En dépit des auteurs chinois qui veulent que le second de ces caractères se prononce *souei*, les habitants le prononcent *hi*. On doit donc dire Yuê-hi.»

[2] Cette contrée est décrite par Marco Polo sous le nom de *Gaindu*, qui n'est autre que *K'iong-tou* 邛都, ancienne ville qui se trouvait au sud-est de la ville actuelle de *Ning-yuen-fou*. D'après Colborne Baber, qui a décrit la vallée de *Kien-tch'ang*, le pays de Gaindu devait être habité, au temps de Marco Polo, par des Menia, tribu de langue tibétaine (*Travels and researches in Western China*, p. 82).

quand *P'i-lo-ko* mourut en 748, elle conféra l'hérédité de toutes ses dignités à *Ko-lo-fong*.

Mais cette bonne harmonie ne devait pas être durable. D'une part, le désir de la Chine de s'ouvrir un chemin conduisant au Tonkin à travers le territoire des tribus *Ts'oan* 爨, les ancêtres des Lolos actuels, au sud de *Yun-nan fou*, d'autre part les obscures intrigues des chefs indigènes les uns contre les autres, bouleversèrent ces tribus. *Ko-lo-fong* intervint pour rétablir l'ordre; ses intentions furent mal interprétées par le gouvernement du Céleste Empire et c'est à grand'peine s'il put se justifier.

Ces incidents avaient créé des sentiments de suspicion mutuelle entre le *Nan-tchao* et la Chine. L'officier chinois *Tchang K'ien-t'o* 張虔陀 ne fit rien pour les dissiper. *Ko-lo-fong* exposa ses griefs contre lui à l'empereur qui, mal disposé pour le roi, répondit en envoyant trois armées qui devaient envahir le *Nan-tchao* simultanément par le *Se-tch'oan* et le Tonkin. *Ko-lo-fong* fit encore des ouvertures pacifiques qui furent repoussées; n'ayant plus alors d'autre moyen de salut, il se mit en personne à la tête de ses troupes, et, dans l'été de l'année 751, il attaqua avec l'énergie du désespoir le général *Sien-yu Tchong-t'ong* 鮮于仲通 qui approchait déjà de sa capitale. La rencontre eut lieu à 25 *li* à l'ouest de la préfecture secondaire de *Tchao* 趙[1], sur les bords du lac *Eul hai* 洱海; les Chinois furent écrasés et perdirent plus de 60,000 hommes.

[1] *Tien hi*, I, 1, p. 22 v°.

Effrayé de son propre succès et craignant des représailles terribles, *Ko-lo-fong* chercha un allié et le trouva dans le roi du Tibet. Le Tibet, alors à l'apogée de sa puissance, pouvait tenir tête à la Chine; il s'empressa d'accueillir le renfort qui s'offrait à lui; il contracta avec le *Nan-tchao* une étroite alliance et décerna à *Ko-lo-fong* le titre de *btsanpo cadet*, *btsanpo* étant le titre royal au Tibet.

Fort de cet appui, *Ko-lo-fong* put repousser les attaques chinoises. En 754, il remporta une éclatante victoire sur le général *Li Mi* 李宓, qui avait eu l'imprudence de s'avancer jusqu'à *Teng-tch'oan* 鄧川, au nord de *Ta-li fou;* plus de 200,000 soldats chinois trouvèrent la mort dans cette campagne.

Presque aussitôt après, *Ngan Lou-chan* 安祿山, général d'origine barbare au service des *T'ang*, se révoltait contre eux et mettait l'empire à deux doigts de sa perte. Il s'empara de la capitale, *Tch'ang-ngan*, et l'empereur *Hiuen-tsong* dut s'enfuir dans le *Se-tch'oan*. Son fils, qui fut l'empereur *Sou-tsong*, entreprit de sauver la dynastie; à la tête des troupes qui lui étaient restées fidèles, il parvint à reprendre sa capitale en novembre 757. Il eut encore à lutter contre les rebelles qui se défendaient de place en place jusqu'à l'année 763. Mais alors les Tibétains profitèrent de l'épuisement de la Chine pour l'envahir; ils pénétrèrent à leur tour dans *Tch'ang-ngan* qu'ils pillèrent. Ils prétendirent même mettre sur le trône un nouvel empereur; cependant au bout de quinze jours, craignant quelque surprise, ils évaouèrent subitement la place. Ils continuèrent à occuper une grande partie du *Kan-sou* pendant les années 764 et 765.

Le prince du *Nan-tchao* fut au bénéfice de la faiblesse des Chinois et de la vaillance des Tibétains. Il affermit son royaume dans le *Yun-nan* et dans le sud du *Se-tch'oan*. En l'an 763, étant assuré que l'empire ne pouvait faire aucun retour offensif, il dirigea une expédition contre le pays de *Siun-tch'oan* 尋傳, qui doit être une partie de la Birmanie; il paraît avoir étendu sa domination jusqu'aux rivages du golfe du Bengale. Du côté de l'est, il s'établit dans la ville de *Ngan-ning* 安寧 qui commandait les tribus *Ts'oan* et était comme la porte de la route menant au Tonkin. Enfin, en l'an 765, il chargeait son fils aîné, *Fong-kia-i* 鳳迦異 d'élever les remparts de la cité de *Tche-tong* 柘東, qui n'est autre que l'actuel *Yun-nan fou* et qui devait devenir plus tard, sous le nom de *Chan-chan* 鄯闡, la seconde capitale du *Nan-tchao*.

La partie historique de l'inscription se termine ici. Elle prend donc fin au moment où le *Nan-tchao* est inféodé à la cour tibétaine et où il a rompu tout lien de vassalité avec la Chine. Cependant on ne peut s'empêcher, en lisant ce texte, de remarquer les ménagements extrêmes avec lesquels on y parle du gouvernement chinois; nulle part l'empereur n'est accusé d'avoir eu de mauvaises intentions à l'égard du *Nan-tchao;* on se borne à regretter qu'il ait été trompé par son entourage et toute la faute est rejetée sur des officiers ambitieux ou stupides. *Ko-lo-fong* ne perd pas une occasion de protester de la loyauté de sa conduite; il montre que, s'il s'est révolté, c'est qu'il a été forcé de le faire et il semble désireux de se réconcilier avec son ancien suzerain. C'est bien ainsi que l'histoire des *T'ang* a compris le sens de cette inscription puisqu'elle la résume en disant : « Il dressa une stèle à la porte de sa capitale pour exposer que, s'il s'était révolté, c'est qu'il n'avait pu faire autrement. Il y disait : Mes ancêtres ont, de génération en génération, reçu à plusieurs reprises du Royaume du Milieu l'investiture et des présents; mes descendants seront disposés à se soumettre à lui et s'il vient un envoyé des *T'ang*, ils pourront lui montrer cette stèle pour justifier ma faute [1]. »

Il est certain que le *Nan-tchao* avait des affinités profondes avec la Chine à laquelle il devait toute sa culture intellectuelle. Quoiqu'il eût rompu avec elle pour s'allier au Tibet, c'est, non en tibétain, mais en chinois, que cette inscription est rédigée. La langue indigène, qui était vraisemblablement un idiome thaï,

[1] *T'ang chou*, chap. CCXXII, *a*, p. 2 v°. L'*Histoire des T'ang* mentionne l'érection de cette stèle aussitôt après la défaite de *Sien-yu Tchong-t'ong* en 751; c'est ce qui fait dire à *Wang Tch'ang* (*Kin che tsoei pien*, chap. CLX, p. 16 r°) qu'il y avait deux stèles : l'une, datée de 752, et qui aurait disparu serait celle à laquelle fait allusion le *T'ang chou*; l'autre, datée de 766, serait celle qui nous a été conservée. Mais les deux stèles semblent bien en réalité n'en être qu'une seule; un voyageur de l'époque des *Yuen*, *Kouo Song-nien* 郭松年, qui a parcouru et décrit le territoire de la préfecture de *Ta-li*, ne signale qu'une stèle qu'il date de 766 et dont il parle en termes analogues à ceux du *T'ang chou*. (Cf. *Tien hi*, VIII, 1, p. 40 r°.)

ne s'écrivait pas; le chinois était donc la seule langue écrite, comme il l'a longtemps été en Corée, au Japon, en Annam. Aussi les réfugiés chinois jouaient-ils un grand rôle à la cour du *Nan-tchao* à cause de leur connaissance de l'écriture; c'est l'un d'eux, *Tcheng Hoei* 鄭回, qui composa le texte de l'inscription; ce sont des membres de l'ancienne famille chinoise des *Toan* 段 qui présidèrent à l'érection de cette stèle en leur qualité de conseillers d'État. En s'entourant ainsi de Chinois et en leur donnant de hautes fonctions, le roi de *Nan-tchao* suivait une ligne de conduite qui ne laissait pas que d'avoir ses dangers: en effet, un descendant de *Tcheng Hoei* détruisit la famille indigène des princes de *Nan-tchao* au commencement du xe siècle et un membre de la famille *Toan* fonda en 938 le royaume de *Ta-li* sur les débris de celui de *Nan-tchao*.

En dehors de l'inscription que nous avons traduite, on ne possède du *Nan-tchao* que deux inscriptions insignifiantes dont l'unique intérêt est de prouver que la religion bouddhique était en grande faveur dans ce pays. La stèle de 766 a donc une réelle importance historique puisqu'elle est le seul monument considérable que le *Nan-tchao* nous ait laissé de sa politique et de sa civilisation.

I

南詔鄭回德化碑

恭聞清濁初分運陰陽而生萬物川嶽既列樹元首而定八方道治則中外寧政乖必風雅變我贊普鍾蒙國大詔性業合道智觀未萌隨世運機觀宜撫衆退不負德進不慚容者也王姓蒙字閣羅鳳大唐特進雲南王越國公開府儀同三司之長子也應靈傑秀含章挺生日角標奇龍文表貴始乎王在儲府道隆三善位即重離不讀非聖之書嘗學字人之術撫軍屢聞成績監國每著家聲唐朝授右領軍衛大將軍兼陽瓜州刺史洎先詔與御史嚴正誨謀靜邊寇先王統軍打石橋城差詔與嚴正誨攻石和子父子分師兩殄兇醜加左領軍衛大將軍無何又與中使王承訓同破劍川忠績載揚寵延于嗣遷左金吾衛大將軍而官以材遷功由幹立朝廷照鑒委任兵權尋拜特進都知兵馬大將二河既宅五詔已平南國止戈北朝分政而越析詔餘孽于贈恃鐸鞘驅瀘江結彼兇渠擾我邊鄙

II

飛書遣將皆輒拒違詔弱冠之年已負英斷恨茲殘醜敢逆大隊固請自征志在埽平梟于贈之頭傾伏藏之穴鐸稍盡獲寶物並歸解君父之憂靜邊隅之禍制使奏聞酬上柱國天寶七載先王即世皇上念功旌孝悼往撫存遣中使黎敬義持節冊襲雲南王長男鳳迦異時年十歲以天寶入朝授鴻臚少卿因冊襲次又加授上卿兼陽瓜州刺史都知兵馬大將既御厚眷思竭忠誠子弟朝不絕書進獻府無餘月將謂君臣一德內外無欺豈期奸佞亂常撫虐生變初節度章仇兼瓊不量成敗妄奏是非遣越巂都督竹靈倩置府東爨通路安南賦重役繁政苛人弊被南甯州都督爨歸王昆州刺史爨日進梨州刺史爨祺求州爨守懿螺山大鬼主爨彥昌南甯州大鬼主爨崇道等陷煞竹倩兼破安甯天恩降中使孫希莊御史韓洽都督李宓等委先詔招討諸爨畏威懷德再置安甯其李宓忘國家大計躡章仇詭蹤務求進官榮宓阻扇東爨遂激崇道令煞歸王議者紛紜人各有志王務遏亂萌思紹先績乃命大軍將段忠國等與中使黎敬義都督李宓又赴安甯再和諸爨而李宓矯偽居心尚行反間更令崇道謀煞

III

日進東爨諸酋並皆驚恐曰歸王崇道叔也日進弟也信
彼讒構煞戮至親骨肉既自相屠天地之所不祐乃各與
師召我同討李宓外形中正佯假我郡兵內蘊奸欺妄陳
我違背賴節度郭虛已仁鑒方表我無辜李宓尋被貶流
崇道因而亡潰又越嶲都督張虔陀嘗任雲南別駕以其
舊識風宜表奏請為都督而反誑惑中禁職起亂階吐蕃
是漢積讐遂與陰謀擬共滅我一也誠節王之庶弟以其
不忠不孝貶在長沙而彼奏歸擬令間我二也崇道蔑盟
構逆罪合誅夷而卻收錄與宿欲令讐我三也應與我惡

者並授官榮與我好者咸遭抑屈務在下我四也築城收
藏器甲練兵密欲襲我五也重科白直倍稅軍糧徵求無
度務欲敝我六也於時馳表上陳屢申冤枉皇上照察降
中使賈奇俊詳覆屬豎臣無政事以賄成一信虔陀共掩
天聽惡奏我將叛王乃仰天嘆曰嗟我無事上蒼可鑒九
重天子難承咫尺之顏萬里忠臣豈受奸邪之害即差軍
將楊羅顛等連表控告豈謂天高聽遠蠅點成瑕雖布腹
心不蒙矜察管內酋渠等皆曰主辱臣死我實當之自可
齊心戮力致命全人安得知難不防坐招傾敗於是差大

IV

軍將王毗雙羅時等揚兵送檄問罪府城自秋畢冬故延
時序尚佇王命冀雪事由豈意節度使鮮于仲通已統大
軍取南谿路下大將軍李暉從會同進安南都督王知進
自步頭路入既數道合勢不可守株乃宣號令誡師徒四
面攻圍三軍齊奮先靈冥祐神炬助威天人協心軍羣全
拔虔陀飲酖寮庶出走王以為惡止虔陀罪豈加眾舉城
移置猶為後圖即便就安寧再申衷懇城使王克昭執惑
昧權繼遣拒請遣大軍將李克鐸等帥師伐之我直彼曲
城破將亡而仲通大軍已至曲靖又差首領楊子芬與雲

南錄事參軍姜如之齎狀披雪往因張卿讒搆遂令蕃漢
生猜贊普今見觀釁浪穹或以眾相威或以利相導儻若
弃親交守恐為漁父所擒伏乞居存見亡在得思失二城
復置幸容自新仲通殊不招承劫至江口我又切陳丹款
至於再三仲通拂諫棄親阻兵安忍吐發唯言屠戮行使
皆被詆呵仍前差將軍王天運帥領驍雄自點蒼山西欲
腹背交襲於是具牲牢設壇墠叩首流血曰我自古及今
為漢不侵不叛之臣今節度背好貪功欲致無上無君之
討敢昭告於皇天后土史祝盡詞東北稽首舉國痛切山

V

川黯然至誠感神風雨震霈遂宣言曰彼若納我猶吾君
也今不我納卽吾讐也斷軍之機疑事之賊乃召卒伍擱
然登陴謂左右曰夫至忠不可以無主至孝不可以無家
卽差首領楊利等於浪穹參吐蕃御史論若贊御史通變
察情分師入救時中丞大軍出陳江口王審孤虛觀向背
縱兵親擊大敗彼師因命長男鳳迦異大軍將段全葛等
於邱遷和拒山後贊軍王天運懸首轅門中丞逃師夜遁
軍吏欲追之詔曰止君子不欲多上人況致凌天子乎旣
而合謀曰小能勝大禍之胎親仁善鄰國之寶遂遣男鐸
傳舊大酋望趙佺鄧楊傳磨侔及子弟六十人齎重帛珍
寶等物西朝獻凱屬贊普仁明重酬我勳効遂命宰相倚
祥葉樂持金冠錦袍金寶帶金帳狀安扛傘鞍銀獸及器
皿珂貝珠毯衣服駝馬牛鞍等賜爲兄弟之國天寶十一
載正月一日於鄧川冊詔爲贊普鍾南國大詔授長男鳳
迦異大瑟瑟告身都知兵馬大將凡在官僚寵幸咸被山
河約誓永固維城改年爲贊普鍾元年二年漢帝又命漢
中郡太守司空襲禮內使賈奇俊帥師再置姚府以將軍
賈瓘爲都督僉曰漢不務德而以力爭若不速除恐爲後

VI

患遂差軍將王兵谷絕其糧道又差大軍將洪光乘等神
州都知兵馬使論綺里徐同圍府城信宿未逾破如拉朽
賈瓘面縛士卒全驅三年漢又命前雲南郡都督兼侍御
史李宓廣府節度何履光中使薩道懸遜總秦隴英豪兼
安南子弟頓營隴𡐓廣布軍威乃舟楫備修擬水陸俱進
遂令軍將王樂寬等潛軍襲造船之師伏屍遍毘舍之野
李宓猶不量力進逼邆川時神州都知兵馬使論綺里徐
來救已至巴蹻山我命大軍將段附克等內外相應競角
競衝彼弓不暇張刃不及發白日晦景紅塵翳天流血成
川積屍壅水三軍潰衄元帥沉江詔曰生雖禍之始死乃
怨之終豈顧前非而忘大禮遂收亡將等屍祭而葬之以
存恩舊五年范陽節度安祿山竊據河洛開元帝出居江
劍贊普差御史贊郎羅於恙結齎勅書曰樹德務滋長去
惡務除本越嶲會同謀多在我國之此爲美也詔恭承上
命郎遣大軍將洪光乘杜羅盛段附克趙附于望羅遷王
邏羅奉清平官趙佺鄧等統細於藩從昆明路及宰相倚
祥葉樂節度尚檢贊同伐越嶲詔親帥太子潘圍逼會同
越嶲固拒被僇會同請降無害子女玉帛百里塞途牛羊

VII

積備一月館穀六年漢復置越嶲以楊庭璡爲都督兼固臺登賛普使來曰漢今更置越嶲作援昆明若不再除恐成滋蔓旣舉奉明旨乃遣長男鳳迦異駐軍瀘水權事制宜令大軍將楊傳磨侔等與軍將欺急歷如數道齊入越嶲再掃臺登滌除都督見擒兵士盡擄於是揚兵邛部而漢將大奔廼旆昆明傾城稽顙可謂紹家繼業世不忝賢昔十萬橫行七擒縱略未足多也爰有尋傳疇壤沃饒人物殷湊南通渤海西近大秦開闢以來聲教所不及羲皇之後兵甲所不加詔欲革之以衣冠化之以禮義十一年

冬親與寮佐兼總師徒刊木通道造舟爲梁耀以威武喻以文辭款降者撫慰安居抵捍者繫頸盈貫矜愚解縛擇勝置城裸形不討自來祁鮮望風而至且安寧雄鎮諸爨要衝山對碧雞波環碣石鹽池鞅掌利及牂牁城邑綿延勢連戎僰乃置城監用輯攜離遠近因依閭閻櫛比十二年冬詔候隙省方觀俗恤隱次昆川審形勢言山河可以作藩屏川陸可以養人民十四年春命長男鳳迦異於昆川置拓東城居二詔佐鎮撫於是威懾步頭恩收曲靖頒告所及翕然俯從我王氣受中和德含覆育才出人右辯

VIII

稱世雄高視則卓爾萬尋運籌則決勝千里觀釁而動因利興功事協神衷有如天啓故能攻城挫敵取勝如神以危易安轉禍爲福紹開祖業鴻覃王猷坐南面以稱孤統東偏而作主然後修文習武官設百司列尊敍卑位分九等闡三教賓四門陰陽序而日月不忒賞罰明而奸邪屏跡通三才而制禮用六府以經邦信及豚魚恩霑草木戹塞流潦高原爲稻黍之田疏決陂池下隰樹園林之業易貧成富徙有之無家饒五畝之桑國貯九年之廩蕩蕩之恩累沾蠢動珍帛之惠徧及耆年設險防非憑隘起堅城

之固靈津蠲疾重巖湧湯沐之泉越賧天馬生郊大利流波濯錦西開尋傳祿郫出麗水之金北接陽山會川收瑟瑟之寶南荒湊湊覆詔願爲外臣東爨悉歸步頭已成內境建都鎮塞銀生於墨嘴之鄉候隙省方駕憩於洞庭之野葢稱人傑地靈物華氣秀者也於是犀象珍奇貢獻畢至東西南北煙塵不飛遐邇無剽掠之虞黔首有鼓擊之泰乃能驟首邛南平畔海表豈惟我鍾王之自致實賴我聖神天地贊普德被無垠威加有截春雲布而萬物普潤霜風下而四海颯秋故能取亂攻昧定京邑以息民兼弱

IX

侮亾冊漢帝而繼好時清平官段忠國段尋銓等咸曰有
國而致理君王之美也有美而無揚臣子之過也夫德以
立功功以建業業成不記後嗣何觀可以刊石勒碑志功
頌德用傳不朽俾達將來蒙家世漢臣八王稱乎晉業鐘
銘代襲百世定於當朝生遇不天再罹衰世賴先君之遺
德沐求舊之鴻恩改委清平用兼耳目心懷吉甫慚無贊
於周詩志効奚斯願齊聲於魯頌紀功述績其日爲稱自
顧下才敢題風烈
其詞曰降祉自天福流後孕瑞應匪虛正辭必信聖主分
憂遐荒聲振襲久傳封受符兼印兼瓊秉節貪榮撥亂開
路揆南鼓纔東龔仵倩見屠官師潰散賴我先王懷柔伏
叛蘇不乏賢先猷是繼郡守詭隨貶身遐裔禍起虔陀亂
深豎孽殃咎匪他塗炭自殖仲通制節不詢長久微兵海
隅頓營江口矢心不納白刃相守謀用不臧逃師夜遁漢
不務德而以力爭興師命將置府層城三軍往討一舉而
平面縛蕃吏馳獻天庭李宓總戎猶尋覆轍水戰陸攻援
孤糧絕勢屈謀窮軍殘身滅祭而葬之情鍾故設贊普仁
明睿知機變漢德方褒遊城絕援揮我兵戎攻彼郡縣越

X

爵有征會同無戰雄雄嫡嗣高名英烈惟孝惟忠乃明乃
哲叩遣一埽軍聲雙滅觀兵尋傳舉國來賓巡幸東壤慎
德歸仁碧海效祉金穴薦珍人無常主惟賢是親土宇克
開煙塵載寢轂擊犁坑緝熙羣品出入連城光揚衣錦業
留萬代之基倉貯九年之廩明明贊普揚干之光赫赫我
王實賴之昌化及有土業著無疆河帶山礪地久天長辨
稱世雄才出人右信及豚魚潤深瓊玖德以建功是謂不
朽石以刊銘可長可久

INSCRIPTION (DU ROYAUME) DE NAN-TCHAO, COMPOSÉE PAR TCHENG HOEI[1], SUR LA TRANSFORMATION VERTUEUSE.

C'est une tradition respectable que, lorsque pour la première fois le pur et l'impur[2] se séparèrent,

[1] *Tcheng Hoei* 鄭回 était un Chinois; en 749, il se trouvait être préfet de la ville de *Si-lou* 西瀘 (à 25 *li* au sud-ouest de la ville préfectorale actuelle de *Ning-yuen* 甯遠, province de *Se-tch'oan*); c'est alors que *Ko-lo-fong*, roi de *Nan-tchao*, s'étant révolté contre l'autorité chinoise, fit prisonnier *Tcheng Hoei;* il se l'attacha et lui donna le titre de *ts'ing-p'ing-koan* 清平官 ou conseiller d'État (*Tien hi*, VII, 2, p. 6 v°). *Tcheng Hoei* était donc en quelque sorte un transfuge; il avait conservé cependant de vives sympathies pour la Chine et l'inscription que nous publions ici doit être considérée comme une tentative qu'il fit pour pallier les torts du roi de *Nan-tchao* aux yeux de la Chine et pour permettre un rapprochement entre les deux adversaires; cette inscription parle de «la vertueuse transformation» parce qu'elle est destinée à établir que la conduite du roi de *Nan-tchao* et son évolution politique ont été inspirées par les motifs les plus louables. *Tcheng Hoei* devait arriver à ses fins; c'est à son instigation que, en 787, *I-meou-siun* 異牟尋, petit-fils et successeur de *Ko-lo-fong*, fit sa soumission à la Chine (*Tien hi*, VII, 2, p. 8 r°). Après la mort de *Tcheng-Hoei*, la charge de conseiller d'État resta héréditaire dans sa famille qui devint ainsi très puissante; en 902, le descendant de *Tcheng Hoei*, nommé *Tcheng Mai-se* 鄭買嗣, tua le roi de *Nan-tchao*, mit fin au pouvoir de la famille *Mong*, et s'empara du trône; le royaume qu'il substitua ainsi à celui de *Nan-tchao* fut appelé le royaume de *Ta-tch'ang-ho* 大長和 et dut d'ailleurs céder bientôt la place au royaume de *Ta-li* (*Tien hi*, VII, 2, p. 10 r°).

[2] Le pur et l'impur symbolisent ici le Ciel et la Terre. Cf. *Hoai-nan tse*, chap. III, p. 1 r° : «(Les parcelles) *pures* et actives s'élevèrent en fine poussière et formèrent le Ciel; (les parcelles) lourdes et *impures* se coagulèrent et formèrent la Terre.»

cela mit en mouvement le *yn* et le *yang* et donna naissance aux dix mille sortes d'êtres, et que, après que les cours d'eau et les montagnes eurent pris leur rang, cela établit le chef principal[1] et affermit les huit régions de l'espace. Quand la raison dirige, alors l'intérieur et l'extérieur sont en paix; quand le gouvernement se pervertit, nécessairement le *fong* et le *ya* s'altèrent[2].

Notre *btsanpo* cadet[3], grand *tchao*[4] du royaume

[1] «Le chef principal» ou «la tête principale» est une expression qui, dans le chapitre *I* et *Tsi* du *Chou king* (Cf. LEGGE, *Chinese Classics*, vol. III, p. 89-90) désigne le souverain dont les ministres sont comme les bras et les jambes. — Ce préambule de l'inscription tend à établir que l'autorité du souverain est inhérente à la constitution même de l'univers.

[2] Le *fong* et le *ya* sont des sections du «Livre des vers». On distingue parmi les odes du *Che king* celles qui sont correctes (*tcheng*) et qui correspondent à l'époque de la prospérité des *Tcheou*, et celles qui sont altérées (*pien*) et qui furent composées quand le gouvernement des *Tcheou* s'était perverti. Cf. LEGGE, *Chinese Classics*, vol. IV, prol., p. 35, n. 2.

[3] 贊普 *tsan-p'ou* = *btsanpo*, le titre royal au Tibet. Après avoir vaincu une armée chinoise en 751, *Ko-lo-fong* s'était allié au roi du Tibet qui lui avait conféré le titre de «btsanpo cadet» (voir plus loin le texte même de l'inscription). Le mot «cadet» est ici exprimé par le caractère *tchong* 鍾 qui est la transcription du mot tibétain signifiant «cadet». D'après Rockhill (*Notes on the ethnology of Tibet*, p. 679), «frère cadet» se dit *chung-wa* à Lhasa et *lo-ch'ung* en tibétain oriental.

[4] 詔 *tchao* «chef, roi». Ce terme est encore en usage chez les peuples et tribus de race thaïe pour désigner le chef ou le roi. «Le titre de *Chau* (prononcez *Tchiao*) «seigneur, roi», est donné au *Preah Chau*, roi de Siam, comme au chef du plus petit *moeuong* ou chef-lieu de district» (AYMONIER, *Voyage dans le Laos*, t. I, p. 21, n.).

de *Mong* [1], a une nature qui pratique [2] la conduite conforme à la raison; il a une perspicacité qui discerne les choses avant qu'elles soient en bourgeon [3]. Il se conforme aux temps pour faire mouvoir les ressorts (de la politique); il considère ce qui est avantageux pour gouverner la multitude. Quand il s'abstient, il ne s'oppose pas à la vertu; quand il agit, il ne fait rien dont l'honorabilité ait à rougir.

Le nom de famille du roi est *Mong;* son appellation est *Ko-lo-fong;* il est le fils aîné de (celui qui eut les titres de) roi du *Yun-nan*, spécialement promu par la grande (dynastie) *T'ang*, duc du royaume au delà (de la frontière), *k'ai-fou-i-t'ong-san-se* [4]. Se conformant aux influences surnaturelles, il

[1] 蒙 *mong* était le nom de famille du roi et était devenu le nom du royaume. Il ne semble donc pas qu'il faille voir ici une transcription du mot thaï *mong* ou *mœuong* qui signifie «contrée, pays».

[2] Dans les exemples que le *P'ei wen yun fou* donne de l'expression 性業, ces deux mots sont substantifs l'un et l'autre et il faut les traduire comme signifiant «dispositions naturelles et conduite». Ici cependant, la symétrie du style nous oblige à considérer le mot 業 comme un verbe.

[3] Cette expression se retrouve dans une composition littéraire de *Se-ma Siang-jou* (mort en 117 av. J.-C. Cf. GILES, *Dictionnaire biographique*, n° 1753) : «L'homme sage voit de loin les choses avant qu'elles soient en bourgeon; l'homme perspicace évite les dangers avant qu'ils aient pris forme.» Cf. *P'ei wen yun fou*, s. v. 明者遠見於未萌而智者避危於無形.

[4] C'est *P'i-lo-ko* 皮羅閣 qui avait reçu tous ces titres de la cour de Chine. Le titre de 特進 est expliqué de la manière suivante dans le commentaire du *Heou Han chou* (Cité par le *P'ei wen yun fou*, sous cette expression) : 諸侯功德優盛朝廷所敬異者賜位特進在三公下 «Les seigneurs dont

récolta l'élégance; observant la règle, il dressa haut sa vie[1]. La protubérance solaire dénote qu'il est extraordinaire; les marques du dragon témoignent de sa noblesse[2].

Au début, quand le roi était encore dans son palais d'héritier présomptif[3]; sa conduite exalta les trois choses excellentes[4]; sa dignité fut comme les

les mérites étaient très grands et que la cour impériale voulait honorer d'une manière extraordinaire, elle leur conférait la dignité de *spécialement promu* qui était immédiatement inférieure à celle des trois ducs du palais». — Le titre de 越國公 ne signifie sans doute pas «duc du royaume de *Yue*», car le royaume de *Yue* n'aurait rien à faire ici; le titre de 國公 «duc de royaume» existait sous les *T'ang;* le mot 越 ajouté à ce titre signifiait sans doute que le dignitaire était un prince étranger «au delà de» la frontière de Chine. — Enfin le titre de *K'ai-fou-i-t'ong-san-se* est donné par le *Li tai tche koan piao* comme l'équivalent des titres modernes de *koang-lou-ta-fou* et de *yong-lou-ta-fou* qui sont les deux grades honorifiques les plus élevés.

[1] Dans la dissertation littéraire de *Tso Se* 左思 (IIIe siècle ap. J.-C.), intitulée *Chou tou fou*, on lit la phrase 楊雄含章而挺生 «*Yang Hiong* observa la règle et dressa haut sa vie».

[2] La corne solaire 日角 est une protubérance de l'os du front que l'on compare à un soleil 日角謂庭中骨起狀如日 (Commentaire de *Tcheng K'ang-tch'eng* à un texte du *Heou Han chou*). La protubérance solaire et le visage de dragon 日角龍顏 sont souvent cités comme les marques distinctives d'un grand homme; cf. *P'ei wen yun fou*, à l'article *je kio.*

[3] C'est-à-dire quand son père, *P'i-lo-ko*, régnait encore. Le mot 儲 signifie proprement «second, seconder», et par suite désigne l'héritier présomptif. Dans le commentaire de *Kong Yang* au *Tch'oen-ts'ieou*, l'expression 儲君 a le sens d'héritier présomptif; le dictionnaire de *K'ang-hi* cite un texte historique dans lequel il est dit 太子曰東儲.

[4] L'expression 三善 «les trois choses excellentes» se retrouve dans le *Li ki* et le commentaire dit que c'est l'observance des

deux astres du jour et de la nuit[1]. Il ne lisait aucun autre livre que les écrits sages; il avait étudié les moyens de traiter les hommes avec sollicitude[2]. Lorsqu'il dirigeait l'armée, on entendait souvent parler des actions méritoires accomplies par lui[3]; quand il administrait l'État, il ne manquait jamais d'illustrer la renommée de sa famille[4]. La cour des *T'ang* lui conféra le titre de général en chef commandant de droite des gardes du corps et en même temps celui de préfet de l'arrondissement de *Yang-koa*[5]. Or quand le roi (*tchao*) précédent[6] fit des plans avec l'émissaire impérial *Yen Tcheng-hoei*, pour nettoyer la frontière des brigands qui l'infestaient, le roi précédent se mit à la tête de l'armée

justes rapports entre les pères et les fils, entre le prince et les sujets, entre les aînés et les cadets.

[1] Dans le *Chouo wen* phonétique, l'expression 二離 est expliquée comme signifiant «le soleil et la lune». Ce sens du mot *li* lui vient du commentaire dont il est l'objet dans le premier appendice du *I king* (cf. Legge, *S. B. E.*, vol. XVI, p. 237).

[2] 字 = 慈. Cf. *Tso tchoan*, 11ᵉ année du duc *Tch'eng* : 不能字人之孤 «vous n'êtes pas capable d'aimer les orphelins d'un autre homme».

[3] Cf. *Chou king*, chap. *Yao tien* : 績用弗成 «(au bout de neuf ans), l'œuvre méritoire n'était point accomplie». Cf. chap. *Lo kao* : «Cela sera l'effet de l'œuvre méritoire accomplie par vous, ô roi».

[4] L'expression 家聲 se retrouve dans la lettre de *Se-ma Ts'ien* à *Jen Ngan* : «*Li Ling*, en se livrant vivant (aux *Hiong-nou*) a fait tomber la renommée de sa famille.»

[5] 陽瓜. *Yang-koa* est le nom qui avait été donné au district actuel de *Mong-hoa* 蒙化 (cf. *Tien hi*, I, 2, p. 8 vᵒ).

[6] Le roi *P'i-lo-ko*.

et attaqua la ville du Pont de pierre[1]; il envoya (notre) roi (*tchao*)[2] avec *Yen Tcheng-hoei* attaquer *Che-ho-tse*[3]. Le père et le fils se partagèrent les troupes; tous deux ils détruisirent ce fléau détestable. (*Ko-lo-fong*) fut promu au grade de général en chef commandant de gauche[4] des gardes du corps.

Peu de temps après[5], il s'unit de nouveau à l'envoyé impérial *Wang Tch'eng-hiun* et attaqua avec lui (le pays de) *Kien-tch'oan*[6]. Son loyalisme s'accumula en s'élevant plus haut[7]; la récompense s'en prolongera jusque sur sa postérité. Il fut promu au grade

[1] 石橋城.

[2] Le roi *Ko-lo-fong.*

[3] *Che-ho-tse* est identique à *Che-ho-tch'eng* 石和城; cette localité se trouvait au sud-ouest de la sous-préfecture de *Lang-k'iong* 浪穹; c'est là que, en 738, le chef du *Che-lang tchao* 施浪詔 fut défait par le *Nan tchao* (cf. *Tien hi*, I, 1, p. 23 v°). C'est donc aux événements de l'année 738 qu'il est fait allusion ici dans l'inscription.

[4] On a vu plus haut que *Ko-lo-fong* avait reçu auparavant le titre de commandant de droite. Ce texte prouve donc que, sous les *T'ang*, la gauche était plus honorable que la droite, ce qui est admis encore aujourd'hui en Chine, mais ce qui n'était point le cas au premier siècle avant notre ère (cf. *Se-ma Ts'ien*, trad. fr., t. II, p. 415, n. 1).

[5] L'expression 無何 est expliquée dans un commentaire de *Yen Che-kou* au *Ts'ien Han chou* : 無何猶言無幾謂少時 «L'expression *ou ho* a le même sens que l'expression *ou-ki;* elle signifie *peu de temps*».

[6] Cette localité porte encore ce nom; elle est au sud-ouest de la ville préfectorale de *Li-kiang* (*Yun-nan*). C'est à *Kien-tch'oan* que s'était réfugié *To-lo-wang* 鐸羅望, chef du *Lang-k'iong tchao* 浪穹詔.

[7] Cf. *Che king*, *Siao ya*, 3e décade, ode 9, strophe 2 : 鴥彼飛隼載飛載揚 «Le faucon au vol prompt tantôt plane tantôt s'élève plus haut».

de général en chef des gardes de gauche chargés d'écarter les mauvaises influences[1]; ainsi ses dignités augmentèrent en raison de ses capacités; son mérite fut établi par ses talents. La cour impériale le proposa en exemple éclatant; elle lui délégua et lui confia l'autorité militaire. Il reçut ensuite le titre de « spécialement promu, général en chef ayant la surveillance des chevaux de guerre ». Après que (le pays des) deux fleuves eut été raffermi et que les cinq *tchao* eurent été pacifiés, le royaume du sud arrêta ses lances[2], la cour du Nord répartit son administration[3].

Or *Yu-tseng*[4], un rejeton de naissance secondaire qui était resté du roi (*tchao*) du *Yue-si*, mettant sa confiance dans ses *to-chouo*[5], franchit le fleuve

[1] 左金吾衛大將軍. *Kin-ou* est le nom d'un oiseau qui est censé écarter les mauvaises influences. Quand le Fils du Ciel sortait, il était précédé d'un fonctionnaire tenant en main l'image de l'oiseau *kin-ou*.

[2] Le *Nan-tchao* cessa la guerre.

[3] Le Gouvernement chinois envoya ses préfets et ses fonctionnaires dans les territoires nouvellement pacifiés.

[4] *Yu-tseng* était fils du frère aîné de l'ex-roi ou *tchao* de *Yue-si*. Le premier caractère de ce nom est *yu* 于, et non *kan* 干, comme l'écrit par erreur le *Tien hi*.

[5] 鐸矟; dans l'*Histoire des T'ang*, on trouve cet objet désigné sous le nom de 鐸鞘, *to-siao*, et cette variante semble prouver que ces caractères ne doivent pas être traduits, mais être considérés comme la transcription d'un mot indigène. L'*Histoire des T'ang* (chap. CCXXII, *a*, p. 4 v°) donne des *to-siao* ou *to-chouo* la description suivante : 鐸鞘者狀如殘刃。有孔傍達。出麗水。飾以金。所擊無不洞。夷人尤寶。月以血祭之。« Les *to-siao* ont la forme de sabres endom-

Lou[1]; s'attachant à ce chef pervers[2], (nos ennemis) désolèrent notre frontière. Par dépêches rapides on envoya contre lui des généraux qui tous furent aussitôt arrêtés et repoussés. Le roi (*tchao*) était à l'âge où on coiffe le bonnet viril[3] et déjà il se confiait dans ses

magés; il y a des trous qui les traversent latéralement; ils viennent de *Li-choei;* quand ils frappent, il n'est rien qu'ils ne percent. Les barbares les estiment fort, chaque mois ils leur offrent un sacrifice avec du sang». — *Li-choei* est un autre nom du *Kin-cha kiang* ou *Yang-tse* (cf. *Tien-hi*, V, 1, p. 5 r°).

[1] La rivière *Lou* 瀘水 doit être identique à la rivière qu'on appelle aujourd'hui la rivière *Ngan-ning;* ce cours d'eau est un affluent de gauche du *Ya-long kiang* et passe près de la ville préfectorale de *Ning-yuen* dans le *Se-tch'oan*. L'identification de la rivière *Lou* avec la rivière *Ngan-ning* repose sur les considérations suivantes: dans les itinéraires décrits par *Fan Tchouo* (樊綽, auteur de l'ouvrage intitulé 蠻書, publié au commencement de la période *hoei-t'ong*, 860-873), on voit que la rivière *Lou* passe à *K'iu-lo* 曲羅, à 150 *li* de *T'ai-teng* 臺登; or cette dernière ville était voisine de la sous-préfecture de *Mien-ning* 冕寧, du *Se-tch'oan;* d'après ce même itinéraire la rivière *Lou* coule vers le sud et passe ensuite à la limite du territoire de *Hoei-t'ong tch'oan* 會同川 (*Tien-hi*, XI, 2, p. 32 r°); d'après un autre itinéraire du même auteur (*Tien hi*, XI, 2, p. 30 v°), pour se rendre du territoire chinois dans le pays de *Nan-tchao*, on traversait la rivière *Lou* en un point appelé *Ho-tse tchen* 河子鎮, peu distant de *Hoei-tch'oan* 會川 (aujourd'hui *Hoei-li tcheou* 會理). Ces indications montrent que la rivière *Lou* n'est autre que la rivière *Ngan-ning*.

[2] Le mot 渠 signifie ici, non «canal», mais «chef», comme dans les phrases suivantes: *Kieou T'ang chou*, chap. CXCIV, *b*, p. 4 v°: 遂使凶渠畏威 «Il fit alors que les chefs néfastes craignissent son prestige». — *Ibid.*, p. 4 r°: 虜渠帥六十餘人 «Il fit prisonnier plus de soixante chefs». — *Tso Se*, cité dans le *P'ei wen yun fou* (à l'article 酋): 儋耳黑齒之酋。金鄰象郡之渠。«Les chefs des *Tan-eul* et les *Hei-tch'e;* les chefs de *Kin-lin* et de *Siang kiun*».

[3] Cf. *Li ki*, chap. *K'iu-li:* 二十曰弱冠 «Quand un jeune

excellentes décisions[1]; il s'indignait que ce détestable scélérat[2] osât tenir tête à nos grands bataillons; il demanda avec insistance à aller lui-même le soumettre; sa résolution était de balayer (les rebelles) et de pacifier (le pays). Il exposa dans une cage la tête de *Yu-tseng;* il bouleversa les repaires où (les ennemis) s'étaient blottis et cachés[3]; les *to-chouo*[4] furent tous pris; les objets précieux entièrement lui firent retour; il délivra son vénérable père de ses anxiétés; il purifia les mauvaises vapeurs qui menaçaient la frontière. L'envoyé impérial fit un rapport pour informer (de ces événements son souverain qui) récompensa (*Ko-lo-fong* en lui donnant le titre de) *Chang-tchou-kouo*[5].

La septième année *t'ien-pao* (748 après J.-C.), le roi précédent[6] atteignit le terme de sa vie; l'empereur songeant aux services rendus[7] et honorant la

homme atteint l'âge de vingt ans, il est dit *jeune* et coiffe le bonnet viril».

[1] Cf. *T'ang chou*, chap. CCIX : 陛下英斷聖明。四海心服。«De Votre Majesté les excellentes décisions sont saintes et claires; les quatre mers vous sont sincèrement soumises».

[2] Cf. *Heou Han chou*, chap. VII : 幸賴股肱禦侮之助殘醜消蕩 «Grâce à l'appui que m'ont prêté mes ministres et mes officiers, les détestables scélérats ont été détruits et dispersés».

[3] L'expression 伏藏 se retrouve, appliquée aux êtres qui sont blottis et cachés pendant l'hiver où prédomine le principe *yn*.

[4] Cf. p. 22, n. 5.

[5] 上柱國 «Celui qui est un grand soutien pour le royaume».

[6] *P'i-lo-ko*.

[7] Par *P'i-lo-ko*. — Cf. *Chou king*, chap. *Ta Yu mo*, LEGGE, *C. C.*, vol. III, p. 58 : 惟帝念功, «Ô empereur, songez aux services rendus».

piété filiale[1], ayant compassion de celui qui était parti[2] et secourant celui qui était resté[3], envoya l'émissaire de la cour *Li King-i*, porteur de la tablette de commandement, investir de l'hérédité par brevet le roi du *Yun-nan*[4]. Le fils aîné (de *Ko-lo-fong*), *Fong Kia-i*, était alors âgé de dix ans; pendant la période *t'ien-pao*[5] il s'était rendu à la cour et on lui avait conféré le titre de *hong-lou chao-k'ing;* or on lui conféra par brevet l'hérédité du rang (qu'avait eu jusqu'alors son père) et on le promut au grade de (*hong-lou*) *chang-k'ing*, avec les titres de gouverneur de l'arrondissement de *Yang-koa* et de général en chef ayant la surveillance des chevaux de guerre[6]. Après que l'empereur lui eut témoigné sa profonde affection[7], (*Ko-lo-fong*) ne songea plus qu'à faire preuve jusqu'au bout de loyalisme et de sincérité; ses fils et

[1] De *Ko-lo-fong*. — Cf. *T'ang chou*, biogr. de *Li Yuen* : « *Mou-tsong* rendit un édit dans lequel il disait : Récompenser le loyalisme, c'est le moyen d'encourager (les hommes à faire) leur devoir de sujets; honorer la piété filiale 旌孝, c'est exciter (les hommes à pratiquer) les règles des relations humaines. »

[2] Il s'agit ici de *P'i-lo-ko*.

[3] *Ko-lo-fong*.

[4] Le nouveau roi du *Yun-nan* est *Ko-lo-fong*.

[5] De 742 à 755.

[6] Tous ces titres sont ceux qu'avait eus jusqu'alors *Ko-lo-fong*; *Ko-lo-fong* étant promu à la dignité de roi du *Yun-nan*, son fils, *Fong-kia-i*, est investi de ses anciens titres.

[7] Dans une composition littéraire de l'empereur *Hiuen-tsong* (713-755), on lit : 挹夷夏之誠請。荅人神之厚眷 « maintenir les sentiments de sincérité entre les barbares et la Chine; se conformer à la *profonde affection* qui existe entre les hommes et les dieux ».

ses frères cadets vinrent à la cour et jamais on ne cessa de noter (leur venue); le tribut qu'ils apportèrent au palais ne fut jamais d'un mois en retard[1]; on aurait pu dire (à propos de cet état de choses) : le prince et le sujet sont animés d'une même vertu[2]; entre l'intérieur et l'extérieur il n'y a aucune tromperie.

Comment aurait-on pu s'attendre à ce qu'un homme pervers troublerait cette règle constante, et encouragerait les méchants pour faire naître une rébellion? Auparavant, le gouverneur *Tchang-k'ieou Kien-k'iong*[3], ne calculant pas s'il aboutirait à un succès ou à une défaite, adressa au trône un rapport dans lequel il approuvait et condamnait sans raison. On envoya le commandant du *Yue-hi*, *Tchou Ling-ts'ien*[4], établir une préfecture[5] chez les *Ts'oan* orientaux[6]

[1] Dans le *Tso tchoan* (29e année du duc *Siang*; LEGGE, *C. C.*, vol. V, p. 549), à propos des relations du pays *Lou* avec celui de *Tsin*, il est dit que *Lou* paye son tribut sans jamais y manquer; les historiens ne cessent pas de noter (la venue de ces porteurs de tribut); le trésor ne reste pas vide un seul mois 史不絕書。府無虛月。. Ici nous avons 餘月 au lieu de 虛月.

[2] 咸有一德, titre d'un chapitre du *Chou king*.

[3] 節度章仇兼瓊.

[4] 越巂都督竹靈倩. A l'époque des *T'ang*, le nom de *Yue hi* s'appliquait à une sous-préfecture dont l'emplacement était voisin de la ville préfectorale de *Ning-yuen* 寗遠, dans le *Se-tch'oan*.

[5] Cette préfecture était celle de *Ngan-ning* 安寗, qui est aujourd'hui la préfecture secondaire de ce nom, dans la préfecture de *Yun-nan*, province de *Yun-nan*.

[6] 東爨. On les appelait aussi les *Man* noirs 烏蠻, par opposition aux *Ts'oan* occidentaux qui étaient les *Man* blancs. Les *Lolos* d'aujourd'hui sont leurs descendants.

et ouvrir une route menant au *Ngan-nan*[1]. Les taxes furent excessives et les corvées multipliées; le gouvernement fut rigoureux et les gens furent épuisés. C'est pourquoi le commandant du district de *Nan-ning*, *Ts'oan Koei-wang*[2], le préfet du district de *Koen*, *Ts'oan Je-tsin*[3], le préfet du district de *Li*, *Ts'oan K'i*[4], (le préfet) du district de *K'ieou*, *Ts'oan Cheou-i*[5], le grand sorcier de la montagne *Lo*, *Ts'oan Yen-tch'ang*[6], le grand sorcier du district de *Nan-ning*,

[1] Le *T'ang chou* (chap. CCXXII, *b*, p. 8 v°) nous apprend que ce chemin était celui de *Pou-t'eou* 步頭; *Pou-t'eou* n'est autre que la sous-préfecture actuelle de *T'ong-hai* 通海, au nord de la préfecture de *Lin-ngan;* elle est sur la route qui mène de *Yun-nan fou* au haut Fleuve Rouge, comme on peut le voir sur la carte placée à la fin du tome I de l'ouvrage de M. Rocher, *La province chinoise du Yun-nan*. Le chemin de *Pou-t'eou* était donc celui qui débouchait sur le haut Fleuve rouge et qui par conséquent conduisait au Tonkin, alors appelé *Ngan-nan* 安南.

[2] 南寗州都督爨歸王. Ce personnage, comme ceux qui vont être cités après lui, était un chef indigène, un *Ts'oan;* le gouvernement chinois lui avait décerné le nom de *Koei-wang* «roi soumis» et lui avait donné le titre de *tou-tou* du district de *Nan-ning*. *Nan-ning* était à dix *li* à l'ouest de la sous-préfecture actuelle de ce nom, dans la préfecture de *K'iu-tsing* 曲靖, province de *Yun-nan*.

[3] 昆州刺史爨日進. Le district de *Koen* était à l'ouest de la ville préfectorale de *Yun-nan fou*.

[4] 梨州刺史爨祺. *Li tcheou* se trouvait sur le territoire de la préfecture secondaire de *Ning* 寗, préfecture de *Lin-ngan*, province de *Yun-nan*.

[5] 求州爨守懿. *K'ieou tcheou* était sur le territoire de la préfecture secondaire de *Sin-hing* 新興, préfecture de *Tch'eng-kiang*, province de *Yun-nan*. Il serait possible qu'il y eût ici une faute de texte et que le mot *cheou* dût être placé avant le mot *Ts'oan;* on traduirait alors : *Ts'oan I*, préfet du district de *K'ieou*.

[6] 螺山大鬼主爨彥昌. Ce terme de «sorcier», littéra-

Ts'oan Tch'ong-tao[1], et d'autres, firent tomber dans une embûche et tuèrent *Tchou* (*Ling-*) *ts'ien* et en même temps détruisirent (la ville de) *Ngan-ning*[2]. La faveur céleste nous accorda que l'envoyé de la cour *Suen Hi-tchoang*[3], le greffier impérial *Han Hia*[4], le commandant *Li Mi*[5] et d'autres, vinssent charger le roi précédent d'appeler à lui (ceux qui s'étaient éloignés) et de punir (les rebelles); les *Ts'oan* redoutaient son prestige et chérissaient sa bonté; on put rétablir (la ville de) *Ngan-ning*.

Or *Li Mi* ne tint pas compte des grands plans politiques; il marcha sur les traces mauvaises de *Tchang-k'ieou*[6]. Sa préoccupation était de chercher le moyen d'avancer en grade et d'illustrer son obscurité; il sema des difficultés chez les *Ts'oan* orientaux et leur boucha la vue; il excita donc *Tch'ong-tao* et lui fit tuer *Koei-wang*.

Dans la délibération (qu'on tint à ce sujet à la cour du *Nan-tchao*), il y eut les avis les plus divers; chaque personne avait son opinion; le roi se préoccupa d'arrêter les troubles dès leur naissance; il pensa à con-

lement «celui qui préside aux démons», est expliqué de la manière suivante dans le *T'ang chou*, chap. CCXXII, *b*, p. 8 r° : 夷人尙鬼。謂主祭者爲鬼主 «Les barbares honorent les démons; ils appellent sorciers ceux qui président aux sacrifices qu'on leur rend».

[1] 南寗州大鬼主爨崇道.

[2] Cf. p. 26, n. 5.

[3] 中使孫希莊.

[4] 御史韓洽.

[5] 都督李宓.

[6] Cf. p. 26, n. 3.

tinuer la conduite méritoire qu'il avait suivie auparavant. Il ordonna donc au grand général d'armée [1] *Toan Tchong-kouo* et à d'autres de se réunir à l'envoyé de la cour *Li King-i* et au commandant *Li Mi*, et d'aller derechef à *Ngan-ning* pour y rétablir l'harmonie parmi les *Ts'oan*.

Cependant *Li Mi*, simulant faussement d'avoir des intentions de paix, pratiqua encore l'art de semer la division parmi les ennemis [2]; il engagea derechef *Tch'ong-tao* à combiner un plan pour assassiner *Je-tsin*. Les chefs des *Ts'oan* orientaux furent tous saisis d'épouvante et dirent : « *Koei-wang* était l'oncle paternel de *Tch'ong-tao; Je-tsin* était son frère cadet; (*Tch'ong-tao*) a eu confiance dans ce calomniateur et fauteur de discorde [3], et il a étendu l'assassinat jusqu'à ses parents; quand ceux qui sont les mêmes os et la même chair [4] s'entretuent, c'est ce que le Ciel

[1] Tandis que les généraux chinois sont désignés dans cette inscription par le titre de 將軍, les généraux du *Nan-tchao* sont toujours appelés 軍將. Cette différence correspond sans doute à une différence de construction syntactique entre la langue chinoise et la langue du *Nan-tchao*.

[2] L'expression 反間 désigne un des procédés que recommandait *Suen-tse* dans son traité sur l'art militaire. 反 a le sens de 敵 « ennemi »; 間 a le sens de 離 « séparer, désunir ». 反間 c'est donc l'art de semer la division dans le parti ennemi.

[3] Cf. *T'ang chou*, chap. CXXXIX, p. 4 r° : 初帝在東宮李林甫數構譖勢危甚 « Autrefois, quand l'empereur n'était encore qu'héritier présomptif, *Li Lin-fou* avait souvent (cherché à lui) aliéner (son père) et l'avait calomnié; sa situation avait été fort périlleuse ». *Heou Han chou*, chap. XLIII : 勿用傍人解構之言 « N'acceptez pas les paroles de discorde que disent de tierces personnes ».

[4] L'expression *kou jou* désigne les parents consanguins. Cf. *Se-ma*

et la Terre ne sauraient favoriser. » Alors chacun d'eux leva des troupes et ils nous appelèrent pour les aider dans la répression. *Li Mi*, en apparence affectant la justice et la droiture, feignit d'emprunter les soldats de notre région; en réalité, amassant les fourberies et les tromperies, il déclara d'une manière mensongère notre révolte[1]. Grâce au modèle de bonté qu'était le gouverneur *Kouo Kiu-i*, nous pûmes alors exposer que nous étions innocents[2]; *Li Mi* subit donc la dégradation et l'exil; à la suite de cela, (le parti de) *Tch'ong-tao* disparut et se dispersa.

Puis, le commandant du *Yue-hi*, *Tchang K'ien-t'o*, qui avait été autrefois assistant-préfet[3] dans le *Yunnan*, profita de son ancienne connaissance des mœurs et des besoins (du pays) pour adresser au trône une requête, par laquelle il demandait à être nommé commandant. Or, contrairement (à ce qu'on pouvait

Ts'ien, chap. XVII : 天下初定骨肉同姓少 « Au moment où l'empire fut conquis (par *Kao-tsou*), ceux qui étaient du même sang et qui avaient le même nom de famille que lui, étaient en petit nombre ».

[1] *Li Mi* fait semblant d'approuver le roi du *Nan-tchao* quand il intervient dans les affaires des *Ts'oan* orientaux, mais en réalité il le dénonce à la cour comme rebelle.

[2] L'expression 無辜 se retrouve souvent dans les classiques. Cf. LEGGE, *C. C.*, vol. III, p. 186 et p. 473.

[3] D'après le *Kieou T'ang chou* (chap. XLIV, p. 24 v°), le premier magistrat du *tcheou* 州 est le *ts'e-che* 刺史; immédiatement au dessous de lui est le *pie-kia* 別駕. De nos jours encore, *pie-kia* est une appellation littéraire qui désigne l'assistant du préfet d'une préfecture (*tche-fou*) ou d'une préfecture secondaire (*tche-tcheou*). Cf. MAYERS, *The Chinese Government*, n°s 283 et 285.

attendre de lui), il trompa et déçut la cour impériale; il travailla à fomenter des troubles.

Les *T'ou-po*[1] étaient les ennemis invétérés des *Han*[2]; il s'empressa de comploter secrètement avec eux dans le dessin de s'unir à eux pour nous anéantir; voilà notre premier grief. Le frère cadet du roi *Tch'eng-tsie*[3], mais né d'une concubine, vivait dans l'abaissement à *Tch'ang-cha*[4] parce qu'il avait manqué de loyauté et de piété filiale; or ce (*Tchang K'ien-t'o*) proposa à la cour de le faire revenir dans l'intention de nous désunir; voilà notre second grief. *Tch'ong-tao* avait compté pour rien la foi jurée; il avait été un fauteur de discorde et un rebelle; son crime méritait qu'il fût exterminé avec toute sa parenté; or voilà que (*Tchang K'ien-t'o*) l'a recueilli et inscrit, et l'a admis dans les gardes du corps[5], avec le désir

[1] Les Tibétains. *T'ou-po* 吐蕃 est la transcription des mots tibétains *stod bod* qui signifient le *Bod supérieur* et désignent les parties centrales et occidentales du Tibet par opposition à la partie orientale appelée le *Bod inférieur, sman bod.* L'expression *stod bod* est transcrite *Tobbat* par l'écrivain arabe Istakhri (fin du VIe siècle ap. J.-C.); on trouve la forme *Thabet* chez Jean du Plan de Carpin (1247) et *Tebet* chez Rubrouck et Marco Polo; de là est venue la forme *Tibet* adoptée de nos jours. Cf. W. W. Rockhill, *Notes on the ethnology of Tibet*, Washington, 1895, p. 669-670.

[2] C'est-à-dire des Chinois.

[3] 誠節王. Je suppose que *Tch'eng-tsie* est le nom posthume d'un roi du *Nan-tchao*. On pourrait cependant traduire aussi cette phrase de la manière suivante : « *Tch'eng-tsie* était le frère cadet du roi, mais né d'une concubine.»

[4] Aujourd'hui, *Tch'ang-cha fou* 長沙府, province de *Hou-nan*.

[5] 收錄與宿. L'expression 收錄 se retrouve dans le *Heou Han chou*, chap. LVI, p. 3 v° : 收錄遺文 «il recueillit et écrivit

d'en faire notre ennemi; voilà notre troisième grief. Ceux qui devaient nous être hostiles, il leur a donné à tous des grades et des distinctions; ceux qui étaient nos amis ont tous trouvé l'oppression et l'humiliation; sa préoccupation était de nous abaisser; voilà notre quatrième grief. Il a construit une ville fortifiée et il y a rassemblé des armes et des cuirasses; il a exercé ses soldats dans le secret désir de nous attaquer à l'improviste; voilà notre cinquième grief. Il a aggravé les règlements; il a établi sans motif des taxes doubles et des contributions de guerre; ses réquisitions et ses exigences ont été sans mesure; il s'efforçait ainsi et avait le désir de nous ruiner; voilà notre sixième grief.

Dans ces circonstances, nous envoyâmes en toute hâte un message pour informer l'empereur et pour lui exposer à plusieurs reprises les torts que nous avions soufferts. L'empereur prit cette affaire en considération; il la déféra à l'envoyé de la cour *Kia K'i-tsiun* pour qu'il fît une enquête approfondie [1]; (cet homme) appartenait à la classe des officiers méprisables et ne gouvernait pas bien; l'affaire fut réglée avec des pots-de-vin; on ne crut que le seul (*Tchang*)

les textes qui restaient.» Quant à l'expression 與宿, on peut la rapprocher de la phrase suivante qui est tirée du *Kieou T'ang chou* (chap. CXCIV, *b*, p. 4 v°) : 久叅宿衛 «Pendant longtemps vous avez fait partie des gardes du corps».

[1] Le mot 覆 a ici le sens de «faire une enquête»; cf. commentaire du *Tcheou-li* cité par le dictionnaire de *K'ang-hi* au mot *fou* : 詳察曰覆.

K'ien-t'o; d'un commun accord on boucha l'ouïe impériale; méchamment on représenta que nous étions sur le point de nous révolter.

Le roi leva les yeux au ciel et dit en soupirant : « Hélas! je n'ai rien fait. Ô ciel azuré, vous pouvez le voir. Le Fils du Ciel est derrière ses neuf rangs (de portes)[1] et il est difficile d'obtenir sa présence à une distance de huit pouces ou d'un pied[2]; un sujet loyal qui est à dix mille *li* (de la Cour) doit-il subir le mal qui vient d'un homme pervers et méchant? » Il envoya donc le général d'armée *Yang Lo-tien* et d'autres pour continuer à exposer les faits et pour se plaindre. N'est-ce pas le cas de dire : Le Ciel est élevé; son ouïe est éloignée[3]; la trace laissée par une mouche est prise pour un défaut du jade. Quoique nous eussions exposé nos sentiments les plus intimes[4], nous n'obtînmes ni compassion ni attention.

Les chefs et les principaux dans notre juridiction dirent tous : « Quand le souverain reçoit un affront,

[1] Le *P'ei wen yun fou* cite un passage des Poésies de *Tch'ou* où il est dit : 君之門兮九重 « Les portes du prince comptent neuf rangs ». Il semble donc bien que l'expression 九重 désigne ici les portes du palais impérial.

[2] Cf. *Tso-tchoan*, 9e année du duc *Hi* : 天威不違顏咫尺 « La majesté du souverain n'est pas éloignée de moi, pas même de huit pouces ou d'un pied ».

[3] C'est-à-dire que son éloignement l'empêche de bien entendre; les deux mots 高遠 sont souvent accouplés pour désigner la hauteur et l'éloignement du ciel ou des astres. Ici, le ciel symbolise l'empereur.

[4] Littéralement : « notre ventre et notre cœur ».

ses ministres meurent; c'est là certainement ce que nous devons faire. Il convient donc que, d'un cœur unanime, nous unissions nos forces et fassions le sacrifice de notre vie pour conserver intacte notre dignité humaine. Comment pourrions-nous, connaissant le danger, ne pas nous prémunir contre lui, et, restant assis, inviter la ruine et la défaite à venir? » Alors (le roi) chargea les grands généraux d'armée *Wang P'i-choang*, *Lo-che* (?) *Meou-ts'iu*[1] et d'autres de lever des soldats et de faire circuler l'appel aux armes. Nous fûmes condamnés à la préfecture.

Depuis l'automne jusqu'à la fin de l'hiver, intentionnellement nous traînâmes les choses en longueur, attendant avec impatience quel serait le sort de notre roi et espérant qu'il serait blanchi de cette accusation. Comment pouvions-nous penser que le *tsie-tou-che Sien-yu Tchong-t'ong* avait pris le commandement d'une grande armée et descendait par le chemin de *Nan-k'i*[2], que le général en chef *Li Hoei* s'avançait par *Hoei t'ong*[3], que le commandant du

[1] 王毗雙羅時?牟苴. Les deux derniers caractères et le caractère manquant qui les précède sont supprimés dans le texte du *Tien-hi*.

[2] 南谿路. Cette localité est la même que celle qui est appelée 南溪 et qui est aujourd'hui la sous-préfecture de ce nom, préfecture de *Siu-tcheou*, province de *Se-tch'oan*. En l'an 794, des ambassadeurs chinois prirent ce chemin pour se rendre à la capitale du *Nan-tchao*; leur itinéraire nous a été conservé dans une note du *T'ang chou* (chap. XLII, p. 3 v°, au-dessous du nom de la sous-préfecture de *K'ai-pien*).

[3] Le chemin de *Hoei-t'ong* était celui qui passait par la vallée de

Ngan-nan[1], *Wang Tche-tsin*, entrait par le chemin de *Pou-t'eou*[2]. Comme ils allaient opérer la jonction de leurs forces venues par ces chemins divers, nous ne pouvions monter la garde près de la colonne[3]. Alors (le roi du *Nan-tchao*) publia ses ordres; il avertit ses capitaines et ses soldats; des quatre côtés à la fois il attaqua et cerna (les troupes chinoises); ses trois armées coalisèrent tous leurs efforts; les âmes des ancêtres nous favorisèrent mystérieusement; la torche céleste[4] exerça son prestige secourable; le Ciel et les hommes unirent leurs cœurs; l'armée et la multitude (du peuple) entièrement s'aidèrent (l'une l'autre). (*Tchang*) *K'ien-t'o* s'empoisonna; la foule de ses officiers[5] s'enfuit.

Kien-tch'ang 建昌 (*Ning-yuen fou*) dans le *Se-tch'oan* (*Tien hi*, XI, 2, p. 41 v°). Ce chemin paraît être celui qui a été suivi par un ambassadeur chinois qui se rendit en 798 à la cour du *Nan-tchao;* son itinéraire se trouve résumé dans une note du *T'ang chou* (chap. XLII, p. 2 v°).

[1] Le terme *Ngan-nan* désigne le Tonkin.

[2] Cf. p. 27, n. 1.

[3] Allusion à une anecdote racontée par *Han Fei-tse* : «Il y avait un homme du pays de *Song* qui labourait un champ et dans le champ il y avait une colonne; un lièvre s'enfuit et vint se heurter contre elle; il se brisa la nuque et mourut; alors l'homme quitta sa charrue et monta la garde près de la colonne (守株) dans l'espérance qu'il prendrait de nouveau un lièvre; mais aucun lièvre ne put être pris de nouveau et l'homme lui-même devint la risée du pays de *Song*.» L'expression «monter la garde près de la colonne» signifie donc «attendre dans l'inaction qu'il vous arrive une chance impossible à espérer».

[4] Cette expression ne se trouve pas dans le *P'ei wen yun fou:* c'est une métaphore qui doit désigner la puissance lumineuse des dieux.

[5] Dans le *Chou king* (chap. *Ta Yu mo*), l'expression 臣庶

Le roi, estimant que le mal s'arrêtait à (*Tchang*) *K'ien-t'o* et que la faute ne pouvait être imputée à tous, que l'érection d'un rempart ou son déplacement[1] serait d'ailleurs l'objet de délibérations ultérieures[2], se rendit donc aussitôt à *Ngan-ning*. Pour la seconde fois il exposa sa sincérité[3] et son affection. Le gouverneur de la ville *Wang K'o-tchao*, persista dans l'erreur et méconnut la situation; il continua l'opposition et repoussa notre requête. Nous envoyâmes le général en chef *Li K'o-to* et d'autres, à la tête de leurs troupes, le combattre; nous étions dans notre droit et lui dans son tort; la ville fut détruite et son général s'enfuit.

Cependant la grande armée de (*Sien-yu*) *Tchong-t'ong* était déjà parvenue (dans les arrondissements) de *K'iu* et de *Tsing*[4]. Encore une fois, nous en-

désigne les ministres (*tch'en*) et le peuple (*chou*). Mais dans les exemples de l'expression 寮庶 que donne le *P'ei wen yun fou*, on voit qu'il faut la prendre comme signifiant «la foule des officiers»; en effet, un de ces exemples présente les deux termes suivants : 寮庶百姓 «la foule des officiers et le peuple»; dans l'autre exemple : 寮庶 «la foule des officiers» a pour terme symétrique 士林 «la forêt (c'est-à-dire la multitude) des hommes de valeur».

[1] On verra plus loin que, lorsque le roi de *Nan-tchao* fit des ouvertures de paix à *Sien-yu Tchong-t'ong*, il offrit de relever les remparts de la ville de *Yao-tcheou*; c'est sans doute à ces remparts qu'il est fait allusion ici.

[2] Cf. *Tso-tchoan*, 6e année du duc *Hoan* : 以為後圖 «ce sera l'objet de délibérations ultérieures», «nous y aviserons plus tard».

[3] La leçon 衷 du *Kin che tsoei pien* doit être préférée à la leçon 哀 du *Tien-hi*.

[4] *K'iu et Tsing* formaient, à l'époque des *T'ang*, deux arron-

voyâmes le grand chef *Yang Tse-fen*[1] avec le secrétaire du *Yun-nan*, *Kiang Jou-tche*[2], lui offrir un rapport où nous exposions notre justification. « Auparavant, les paroles de calomnie et de discorde du haut dignitaire *Tchang* (*K'ien-t'o*) ont fait que les Barbares[3] et les Chinois[4] ont conçu de l'animosité les uns contre les autres. Le *btsanpo*[5] maintenant a ses regards fixés sur les *Ts'oan*[6] et sur *Lang-k'iong*[7]; tantôt il les intimide par la multitude (de ses soldats); tantôt il les dirige en leur procurant des avantages; peut-être en sera-t-il comme de l'huître et du martin-pêcheur qui se tenaient l'un l'autre; il est à craindre qu'ils ne soient pris par le pêcheur[8]. Tre-

dissements distincts qui correspondent à la préfecture actuelle de *K'iu-tsing* 曲靖, dans le *Yun-nan*.

[1] 楊子芬; le mot 芬 est supprimé dans le *Kin che tsoei pien*.

[2] 雲南錄事參軍姜如之. L'expression 錄事 signifie « inscrire les faits » et désigne par suite un secrétaire; quant à l'expression 參軍 c'est, de nos jours encore, l'appellation littéraire de certains secrétaires provinciaux (cf. MAYERS, *The Chinese Government*, n° 295).

[3] 番.

[4] 漢.

[5] 贊普. Le roi du Tibet.

[6] Il s'agit sans doute des *Ts'oan* occidentaux.

[7] Le *Lang-k'iong* était le plus occidental des six *Tchao;* il était limitrophe du Tibet.

[8] Allusion à un apologue qui se trouve dans le *Tchan kouo ts'e* (chap. IX, p. 37 v°) : « Une huître bâillait au soleil; un martin-pêcheur voulut en gober la chair; l'huître se referma et lui saisit le bec. Le martin-pêcheur dit : « Aujourd'hui il ne pleuvra pas; de- « main il ne pleuvra pas et il y aura alors une huître morte. »

sterné, je demande, étant en possession, à être dépouillé; ayant gagné, je pense à perdre; les deux remparts seront rétablis [1]; faites-moi la faveur de me permettre de me réformer. »

(*Sien-yu*) *Tchong-t'ong* se refusa absolument à nous attirer à lui et à nous accueillir; (s'ouvrant un chemin) par la violence, il arriva à *Kiang-k'eou* [2]. Pour nous, nous exposâmes encore avec instances et jusqu'à deux et trois fois notre fidélité sincère; (*Sien-yu*) *Tchong-t'ong* résista aux remontrances et repoussa ses parents; il se confia dans ses soldats et se complut dans la cruauté [3]; il ne vomissait et ne proférait

L'huître dit à son tour au martin-pêcheur : « Aujourd'hui tu « n'échapperas pas; demain tu n'échapperas pas et il y aura un mar- « tin-pêcheur mort. » Ni l'un ni l'autre ne voulant se lâcher, un pêcheur les trouva et les prit tous deux. » — En citant cette fable, le roi de *Nan-tchao* fait craindre à la Chine que leur querelle ne profite en définitive au roi du Tibet.

[1] Dans le *T'ang chou* (chap. CCXXII, *a*, p. 2 v°), il est dit que le roi de *Nan-tchao* proposa à *Sien-yu Tchong-t'ong* de rendre les prisonniers qu'il avait faits et de construire un rempart à *Yao-tcheou* 姚州. C'est ce qu'exprime l'inscription en parlant de perdre ce qui a été gagné et d'élever deux remparts, c'est-à-dire le rempart intérieur et le rempart extérieur de la ville de *Yao-tcheou*.

[2] *Kiang-k'eou* 江口 était une localité située sur le *Yang-pi kiang* 樣備江 (*Tien-hi*, V, 1, p. 2 v°). Le *Yang-pi kiang*, qu'on appelle aussi le *Hei-hoei kiang* 黑惠江, est un affluent de gauche du Mékong; il passe à peu de distance à l'ouest de *Ta-li fou*, ville près de laquelle se trouvait la capitale du *Nan-tchao*.

[3] Cf. *Tso tchoan*, 4e année du duc *Yn* : 夫州吁阻兵而安忍。阻兵無衆。安忍無親。« *Tcheou-yu* se confie en ses soldats et se complaît dans la cruauté; comme il se confie

que des paroles de meurtre et de carnage. Nos ambassadeurs subirent tous ses reproches. En outre, il avait chargé d'avance le général *Wang Ts'ien-yun* de se porter, à la tête de guerriers d'élite, à l'ouest de la montagne *Tien-ts'ang*[1]; il voulait ainsi combiner une double attaque imprévue contre nous par devant et par derrière.

Alors nous préparâmes toutes les victimes; nous disposâmes un autel et une aire; nous frappâmes notre tête contre terre jusqu'à faire couler le sang et nous dîmes : « Depuis l'antiquité jusqu'à maintenant nous avons été des sujets des *Han*, qui n'avons point envahi leur territoire et qui ne nous sommes pas révoltés. Maintenant le *tsie-tou*[2] agit contrairement au bien et est avide de gloire; il désire nous appliquer la punition qui convient à ceux qui ne reconnaissent ni supérieur, ni maître. Voilà ce que nous nous permettons de déclarer ouvertement au Ciel auguste et à la Terre souveraine[3]. » Quand le prieur eut terminé ce discours, il se prosterna vers le nord-est[4]; tout

en ses soldats, il n'aura pas pour lui le peuple; comme il se complaît dans la cruauté, il n'aura pas pour lui ses parents ».

[1] 點蒼山. Cette montagne était à 5 *li* à l'ouest de la ville de *Ta-li fou* où se trouvait alors la capitale du *Nan-tchao* (*Tien-hi*, V, 1, p. 1 r°).

[2] Le *tsie-tou-che Sien-yu Tchong-t'ong*.

[3] Cette formule est analogue à celle qui est employée dans la prière de *T'ang* que nous a conservée le *Luen yu* (XX, 1, § 3) : 敢昭告于皇皇后帝 « Voilà ce que je me permets de déclarer ouvertement à l'Empereur souverain très auguste ».

[4] Le nord-est est le côté où résident les dieux. Cf. *Se-ma Ts'ien*,

le royaume fut pénétré de douleur; les montagnes et les cours d'eau s'obscurcirent[1]. Notre parfaite sincérité toucha les dieux; il venta, il plut, il tonna, il y eut une averse.

Puis (le roi) fit cette proclamation : « Si ces gens nous avaient accueillis, ils seraient encore nos maîtres; maintenant, puisqu'ils ne nous ont pas accueillis, ils sont nos ennemis. La décision est le ressort de la guerre; l'hésitation est la ruine des entreprises. » Alors il invita les soldats à faire tous leurs efforts et à monter aux créneaux; il dit à ceux qui l'entouraient : « Celui qui est parfaitement fidèle ne peut manquer d'un souverain; celui qui a une piété filiale parfaite ne peut manquer d'un père. » Il envoya alors le grand chef *Yang Li* et d'autres à *Lang-k'iong*[2], rendre visite au commissaire des *T'ou-po* (Tibétains), *Luen-jo-tsan;* le commissaire comprit que les temps étaient changés et se rendit compte de la vraie situation; il détacha des soldats qui vinrent à notre secours.

En ce temps, la grande armée du *tchong-tch'eng*[3] était sortie et s'était rangée en bataille à *Kiang-k'eou*[4]. Le roi (de *Nan-tchao*) examina les combinaisons cy-

chap. XXVI (trad. fr., tome III, p. 457) : 東北神明之舍 « Le nord-est est la demeure des clartés divines ».

[1] Cf. *Se-ma Ts'ien*, chap. XLVII, p. 6 v° : 黯然而黑 « il s'obscurcit et devient noir ».

[2] Cf. p. 37, n. 7.

[3] Le titre de *tchong-tch'eng* 中丞 doit désigner ici le *tsie-tou-che Sien-yu Tchong-t'ong*.

[4] Cf. p. 38, n. 2.

cliques[1]; il observa ce qu'il avait devant lui et ce qu'il avait derrière lui; il donna carrière à ses soldats et, en personne, il mena l'attaque; il fit essuyer une grande défaite à ces troupes[2]. Alors il ordonna à son

[1] Dans le chapitre CXXVIII (p. 6 r°) des Mémoires historiques de *Se-ma Ts'ien*, on lit : 日辰不全故有孤虛. D'après le commentateur *P'ei Yn*, le mot 日 désigne ici les termes de la série dénaire *kia, i, ping, ting, ou, ki, keng, sin, jen, koei;* le mot 辰 désigne les termes de la série duodénaire *tse, tch'eou, yn, mao, tch'en, se, ou, wei, chen, yeou, siu, hai.* La phrase de *Se-ma Ts'ien* signifie donc : «Les cycles dénaire et duodénaire ne forment pas un tout complet; c'est pourquoi il y a les *orphelins* et les *vides.*» En effet, quand on est arrivé au bout de la première décade du cycle sexagénaire, les termes de la série dénaire sont épuisés, tandis qu'il reste encore les deux termes *siu, hai* de la série duodénaire; *siu* et *hai* sont donc appelés les *orphelins;* d'autre part, si on écrit les termes de la série duodénaire en en formant deux groupes de six termes, les termes 11 et 12 (*siu, hai*) du second groupe étant les *orphelins*, les termes 5 et 6 (*tch'en, se*) qui leur correspondent dans le premier groupe seront appelés les *vides*. De même, dans la seconde décade du cycle sexagénaire les *orphelins* seront les termes 9 et 10, et les *vides* seront les termes 3 et 4 de la série duodénaire. On trouve ainsi six fois deux *orphelins* et six fois deux *vides* dans les six décades du cycle sexagénaire. On tenait compte des *orphelins* et des *vides* dans les pratiques divinatoires, et plus particulièrement semble-t-il, quand il s'agissait des affaires militaires pour déterminer les jours propices; le chapitre *I wen tche* du *T'ang chou* nous a conservé le titre d'un ouvrage qui s'appelait : 黃帝兵法孤虛推記一卷 «Traité de *Hoang ti* en un chapitre sur l'art de la guerre et sur les combinaisons des *orphelins* et des *vides*». Il n'est donc pas surprenant de voir que, dans notre inscription, le roi du *Nan-tchao* a recours à cette méthode de divination au moment d'entrer en guerre.

[2] Cette défaite de *Sien-yu Tchong-t'ong* eut lieu la 10e année *t'ien-pao* (751), à *Lou-nan*瀘南, localité qui se trouvait au nord-est de la préfecture secondaire de *Yao* 姚, province de *Yun-nan* (cf. *Tien hi*, chap. I, 1, p. 35 v°).

fils aîné *Fong Kia-i*, au grand général d'armée *Toan Ts'iuen-ko* et à d'autres, d'aller à *K'ieou-ts'ien-ho*[1] s'opposer à *Wang T'ien-yun*, le général de renfort qui venait de derrière la montagne; ils suspendirent sa tête à la porte du camp. Le *tchong-tch'eng* abandonna son armée et s'enfuit pendant la nuit. Nos officiers militaires voulaient le poursuivre, mais le roi (*tchao*) dit : « Arrêtez-vous. Le sage ne désire pas s'élever beaucoup au-dessus des hommes; à plus forte raison comment oserait-il outrager le Fils du Ciel? » Puis il réunit un conseil et dit : « Quand le petit a pu vaincre le grand, c'est le germe d'une calamité. S'attacher à ceux qui sont bons et être en bons rapports avec ceux qui sont nos voisins, c'est ce qui est précieux pour l'État. » Il envoya donc son fils *To-tchoan-k'ieou*, les grands chefs *Wang-tchao-ts'iuen-teng*, *Yang-tch'oan-mo-meou*[2], et de ses fils et frères cadets au nombre de soixante personnes, apporter des présents considérables, des joyaux précieux et d'autres objets à la Cour occidentale[3] et lui souhaiter le bonheur. Il se trouva que le *btsanpo* était bon et intelligent; il répondit avec largesse à nos efforts méritoires; il ordonna donc à son conseiller d'État *I-siang-ye-lo* de prendre avec lui des bonnets dorés, des tuniques en soie fine, des ceintures ornées

[1] 邱遷和. Je n'ai pas pu identifier cette localité; le mot 和 se trouve fréquemment dans l'onomastique de la géographie du *Nan-tchao*, parce que, dans la langue de ce pays, on appelait *ho* le versant d'une colline 坡; cf. *Tien hi*, I, 2, p. 4 r° et I, 1, p. 20 v°.

[2] Ce personnage sera encore mentionné plus loin (p. 49).

[3] C'est-à-dire au *btsanpo* ou roi du Tibet.

d'or et de joyaux, des espèces de tentures dorées, des parasols rouges[1] de repos, un animal en argent avec une selle[2], puis des ustensiles pour manger et pour boire, des coquillages, des perles, des tapis, des vêtements, des chameaux, des chevaux, des bœufs, des selles[3], etc., et de nous conférer le titre de royaume frère.

La onzième année *t'ien-pao* (752), le premier jour du premier mois, à *Teng-tch'oan*, un brevet conféra au roi (*tchao*) le titre de *btsanpo tchong*[4]; on donna à son fils aîné, *Fong-Kia-i*, le grade de *tou-tche-ping-ma ta-tsiang* avec un diplôme de premier rang en turquoise[5]. Tous ceux qui remplissaient une fonction officielle, les faveurs et les bienfaits les atteignirent. Par la Montagne et par le Fleuve[6], nous fîmes le ser-

[1] Peut-être 扛 est-il pour 紅. Toute cette énumération est assez difficile à traduire exactement.

[2] Je réunis les trois mots 鞍銀獸 parce que les termes précédents comptent aussi trois mots.

[3] Au lieu de 鞍, le *Kin che tsoei pien* donne la leçon 縷 «du fil à tisser».

[4] Cf. p. 17, n. 3.

[5] 告身 ou 告命 désigne un diplôme commissionnant un officier (cf. Couvreur, *Dictionnaire chinois-français*). 瑟瑟 est le nom de la turquoise (cf. Hirth, *Nachworte zur Inschrift des Tonjukuk*, p. 81). Dans la liste des fonctionnaires du *Nan-tchao* qui était gravée au revers de la présente inscription (cf. *Kin che tsoei pien*, chap. clx, p. 10 et suiv.), nous voyons qu'il y avait toute une série de diplômes : le diplôme de premier rang en *p'o-mi* (?) 大頗彌告身; le diplôme de premier rang en or 大金 *kao chen;* le diplôme de second rang en or 小金 *kao chen;* puis les diplômes de premier et de second rangs en argent (大小銀 *kao chen*), et de premier et de second rangs en cuivre (大小銅 *kao chen*).

[6] Allusion à la formule qu'on prononçait à l'époque des *Han* au

ment d'être éternellement et fermement un rempart[1] les uns pour les autres. On changea le nom de l'année qui fut la première année du *btsanpo tchong*.

La deuxième année (753), l'empereur de Chine[2] ordonna encore au gouverneur de la commanderie de *Han-tchong*, *Se-k'ong Si-li*, et au *nei-che Kia K'i-tsiun*, de se mettre à la tête de soldats et de rétablir la préfecture de *Yao*[3]; le général *Kia Koan* en fut nommé commandant. Tous nous dîmes[4] : « Les Chinois (*Han*) ne s'inquiètent pas de la vertu et entrent en contestation avec nous par la violence. Si nous ne supprimons pas promptement (ces fauteurs de troubles), il est à craindre que nous n'ayons à en souffrir plus tard. » Alors nous envoyâmes le général *Wang P'ing-ko* couper la route de leurs approvisionnements. En outre nous envoyâmes le général en chef *Hong Koang-tch'eng* et d'autres, avec le *tou-tche-ping-ma-che* de l'arrondissement de *Chen*, *Luen-K'i-*

moment où on anoblissait un seigneur : « Tant que le (*Hoang*) *ho* ne sera pas devenu (mince) comme une ceinture, tant que le *T'ai chan* ne sera pas devenu (petit) comme une pierre à aiguiser, puisse votre royaume jouir d'un calme perpétuel et puissiez-vous le transmettre d'une manière continue à vos descendants. » (Cf. *Se-ma Ts'ien*, trad. fr., vol. III, p. 121.) Il sera fait allusion d'une manière plus directe encore à cette formule dans les dernières lignes de l'inscription.

[1] Cf. *Che king*, *Ta ya*, 2e décade, ode 10, strophe 7 : 宗子維城 « la famille (du roi) constitue son rempart ».

[2] 漢帝.

[3] Au nord de la préfecture secondaire actuelle de *Yao* 姚, préfecture de *Tch'ou-hiong*, province de *Yun-nan*.

[4] L'expression 僉曰 est empruntée au chapitre *Yao tien* du *Chou king*.

li-siu, assiéger ensemble la ville préfectorale[1]; avant que deux jours se fussent écoulés[2], ils la détruisirent comme on arrache un arbre pourri. *Kia Koan* se présenta les mains liées derrière le dos[3]; ses soldats furent tous mis en fuite.

La troisième année (754), les Chinois ordonnèrent encore à l'ex-commandant de la commanderie de *Yun-nan*, *Li Mi*, qui avait en même temps le titre de *che-yu-che*, à l'administrateur de la préfecture de *Koang*, *Ho Li-koang*, et au *tchong-che Sa Tao-hiuen*, de rassembler[4] conformément (à ce qui leur était prescrit) les hommes vaillants et braves du *Ts'in-long*[5] en même temps que les jeunes gens du *Ngan-nan*[6]; ils établirent leur camp à *Long-pa*[7]; ils répandirent au loin leur prestige militaire; alors des barques et des rames furent préparées, car ils avaient

[1] Cf. p. 44, n. 3.

[2] Cf. *Che king*, *Kouo fong*, livre 15, ode 6, strophe 3 : 於女信宿 «il n'a logé avec vous que deux nuits». Le mot 信 a ici le sens particulier de «rester deux nuits de suite au même endroit».

[3] L'expression 面縛 se retrouve dans le chapitre XXXVIII de *Se-ma Ts'ien;* elle est expliquée de la manière suivante dans le commentaire *Souo yn* : 面縛者縛手於背而面向前也 «L'expression *mien-fou* signifie qu'on a les mains liées (*fou*) derrière le dos et qu'on se présente de face (*mien*)».

[4] Le mot ici employé se prononce *tsong* (Dict. de *K'ang-hi*) et est l'équivalent phonétique du mot 總 *tsong* «réunir».

[5] L'expression *Ts'in-long* 秦隴 désigne la province actuelle de *Chàn-si*, siège de l'ancien état féodal de *Ts'in* 秦, au nord-ouest duquel se trouvait la montagne *Long* 隴.

[6] Le Tonkin.

[7] 隴壩.

décidé de nous attaquer à la fois par eau et par terre.

Aussitôt nous ordonnâmes au général *Wang Lo-k'oan* et à d'autres d'aller, en cachant leur armée, attaquer à l'improviste les soldats occupés à la construction des bateaux; les cadavres couchés jonchèrent toute la plaine de *P'i-cho*[1]. *Li Mi*, ne calculant point ses forces, s'avança et menaça (la ville de) *Teng-tch'oan*[2]; en ce temps, le *tou-tche-ping-ma-che* de l'arrondissement de *Chen*, *Luen-k'i-li-sia*, accourait au secours et était déjà arrivé à la montagne *Pa-kiao;* nous ordonnâmes au général en chef *Toan Fou-k'o* et à ses collègues de combiner leurs mouvements du dedans et du dehors[3]; avec force ils luttèrent, avec force ils attaquèrent; quant aux autres[4], ils n'eurent pas le temps de bander leurs arcs; leurs épées ne purent même pas être tirées; en plein jour la clarté se trouva obscurcie; une poussière rouge voila le ciel; le sang qui coulait forma des torrents; les cadavres amoncelés obstruèrent les rivières; les trois armées furent dispersées et défaites; leur principal chef fut submergé dans le fleuve.

Le roi (*tchao*) dit : « Quoique, vivants, ils aient été le principe du mal, maintenant qu'ils sont morts

[1] 毗舍之野.

[2] Cf. p. 4, l. 3-5, et p. 7, l. 11-13. 鄧 et 邆 sont équivalents.

[3] Il faut admettre que *Toan Fou-k'o* était le général chargé de défendre la place de *Teng-tch'oan;* de l'intérieur de la ville, il combine ses mouvements avec *Luen-k'i-li-siu* qui venait à son secours du dehors.

[4] Les Chinois.

ce doit être la fin de la haine. Comment pourrais-je prendre en considération leur fautes anciennes de manière à oublier les grands rites? » Alors nous recueillîmes les cadavres des généraux morts et des autres; nous fîmes un sacrifice et nous les enterrâmes pour (montrer que) nous conservions (le souvenir des) bienfaits anciens.

La cinquième année (756), le gouverneur de *Fan-yang*, *Ngan Lou-chan*, s'empara illégitimement de (la région comprise entre le *Hoang*) *ho* et (la rivière) *Lo*[1]. L'empereur *K'ai-yuen*[2] sortit (de sa capitale) et s'établit (dans la région du) *Kiang* et de *Kien*[3].

Le *btsanpo* envoya le commissaire *Tsan-lang-lo* à *Yang-kie* apporter un décret ainsi conçu : « Quand on a planté la vertu, il importe d'en développer la croissance; quand on supprime le mal, il importe d'en enlever la racine[4]. *Yue-hi* et *Hoei-t'ong*[5] forment

[1] Le fameux rebelle *Ngan Lou-chan* (cf. GILES, *Biographical Dictionary*, n° 11) s'était emparé de la capitale orientale des *T'ang*, *Lo-yang*, située entre le *Hoang-ho* et la rivière *Lo*, puis il avait marché contre la capitale occidentale, *Si-ngan*, et l'empereur avait dû s'enfuir en toute hâte dans le *Se-tch'oan*.

[2] Cette désignation de l'empereur *Hiuen-tsong* par un de ses *nien-hao* est d'autant plus remarquable que, à l'époque dont il s'agit, la période *k'ai-yuen* avait depuis longtemps fait place à la période *t'ien-pao*.

[3] Le *Se-tch'oan* constituait alors le *Kien-nan tao* 劍南道; son principal fleuve était le *Kiang* 江 dont le haut cours était la rivière *Min*, qui passe à *Tch'eng-tou*.

[4] Citation légèrement modifiée d'un passage du chapitre *T'ai che* du *Chou king*; LEGGE, *C. C.*, vol. III, p. 296.

[5] *Yue-hi* correspond à la localité de ce nom, préfecture de *Ning-yuen*, province de *Se-tch'oan*; quant à la ville de *Hoei-t'ong*, elle

beaucoup de complots contre moi; y aviser serait bien. » Le roi (*tchao*) reçut avec respect cet ordre de son supérieur; il chargea donc les grands généraux *Hong Koang-tch'eng*, *Tou-lo-cheng*, *Toan Fou-k'o*, *Tchao Fou-yu*, *Wang Lo-ts'ien*, *Wang-ts'ien Lo-fong*, le *ts'ing-p'ing-koan*[1] *Tchao Tsiuen-teng* et d'autres, de prendre le commandement des peuplades de *Si-yu*, de passer par le chemin de *Koen-ming*, et, avec le conseiller *I-siang-ye-lo*[2] et le gouverneur *Chang Kien-tsan*, d'attaquer ensemble *Yue-hi*. Le roi (*tchao*), se mettant en personne à la tête de l'héritier présomptif *P'an*[3], assiégea et serra de près *Hoei-t'ong*. *Yue-hi* résista avec obstination; (les habitants) furent massacrés[4]; *Hoei-t'ong* demanda à se soumettre; il ne souffrît aucun mal. Les garçons et les filles, les objets de jade et les pièces de soie[5] sur une distance de cent *li* obstruaient la route; les bœufs et les moutons, les monceaux de grain et les approvisionnements pourvoyaient à notre nourriture pour un mois.

La sixième année (757), la Chine (*Han*) rétablit

devait aussi se trouver dans la vallée de *Kien-tch'ang* et est vraisemblablement identique à la préfecture secondaire de *Hoei-li* 會理; cf. p. 23, n. 1; p. 26, n. 4, et p. 34, n. 3.

[1] La charge de *ts'ing-p'ing-koan*, dans le pays de *Nan-tchao*, correspondait, nous disent les historiens, à celle de *tch'eng-siang* (conseiller d'État) en Chine.

[2] On a vu plus haut (p. 42) que ce personnage était un fonctionnaire tibétain.

[3] Il est probable que *P'an* était le nom personnel de *Fong-kia-i*, fils aîné de *Ko-lo-fong*.

[4] 僇 = 戮.

[5] C'est-à-dire : les captifs et les objets précieux.

(le district de) *Yue-hi* et y nomma commandant *Yang Ting-tsin;* en même temps, elle fortifiait *T'ai-teng*[1]. Un ambassadeur du *btsanpo* vint nous dire : « La Chine a ordonné de rétablir (le district de) *Yue-hi;* elle le fait en vue de délivrer (le territoire de) *Koen-ming*. Si nous ne supprimons pas de nouveau (*Yue-hi*), il est à craindre que (nos ennemis) ne développent au loin leurs ramifications[2]. » Quand (le roi) eut reçu en l'élevant avec ses mains ce sage édit, il envoya son fils aîné, *Fong-kia-i*, établir un camp sur la rivière *Lou*[3] pour diriger les affaires et décider ce qui était utile; il ordonna au grand général *Yang-tch'oan-mo-meou*[4] et à d'autres de combiner leurs mouvements avec le général *K'i-ki-li-jou* et d'entrer ensemble par divers chemins (sur le territoire chinois); *Yue-hi* fut de nouveau balayé; *T'ai-teng* fut supprimé; le commandant fut arrêté; ses soldats furent tous faits prisonniers. Alors nous illustrâmes nos armes à *K'iong-pou*[5] et les généraux chinois (*Han*) s'enfuirent en masse; ils ramenèrent leurs étendards de *Koen-ming;* dans leurs remparts abattus ils prosternèrent leurs fronts. De cela on

[1] A l'est de la sous-préfecture de *Mien-ning* 冕寧, préfecture de *Ning-yuen*, prov. de *Se-tch'oan*.

[2] Cf. *Tso tchoan*, 1re année du duc *Yn* : 無使滋蔓蔓難圖也 « Ne laissez pas s'étendre les ramifications de la plante en sorte qu'il devienne difficile de savoir quel parti prendre au sujet de la plante ».

[3] Cf. p. 23, n. 1.

[4] Cf. p. 42, ligne 17.

[5] 邛部; à 70 *li* au nord du *t'ing* de *Yue-hi* 越嶲, préfecture de *Ning-yuen*, province de *Se-tch'oan*.

peut dire que c'est : continuer sa famille, poursuivre l'exécution de l'œuvre, et de génération en génération ne point manquer d'hommes sages. Autrefois celui qui avec deux cent mille hommes parcourait de l'est à l'ouest (le territoire barbare [1]) et celui qui, après avoir fait sept fois prisonnier (le général ennemi) soumettait du nord au sud (le pays qu'il combattait [2]), ne peuvent point encore être considérés comme ayant beaucoup fait (en comparaison de ce qu'accomplit alors le roi du *Nan tchao*.)

Puis il y eut (l'expédition dans le pays de) *Siun-tch'oan* [3]; les champs et les terres cultivées y sont

[1] Cf. *Se-ma Ts'ien*, chap. c : « Le *chen-yu* avait écrit une lettre dans laquelle il insultait l'impératrice *Lu* et n'était pas respectueux; l'impératrice *Lu*, fort irritée, manda les généraux pour délibérer à ce sujet. Le général en chef, *Fan K'oai*, dit : « Votre sujet désire obtenir cent mille hommes et il parcourra de l'est à l'ouest tout le territoire *Hiong-nou*. »

[2] Allusion à *Tchou-ko Leang* 諸葛亮 qui fit sept fois prisonnier le général ennemi *Mong Houo* 孟獲 et le relâcha sept fois; à la septième fois, *Mong Houo* refusa de profiter de la liberté qui lui était rendue, déclarant qu'il reconnaissait en *Tchou-ko Leang* un prestige céleste et que ses compatriotes renonçaient à lutter contre lui. Cf. *P'ei-wen-yun-fou*, à l'expression *ts'i-k'in*.

[3] Le pays de *Siun-tch'oan* 尋傳 n'est pas l'objet d'une notice spéciale dans l'histoire des *T'ang*; mais, d'après ce qui en est dit incidemment dans la notice sur le *Nan-tchao*, il semble que le *Siun-tch'oan* ait été une région de la haute Birmanie. Voici comment s'exprime le *T'ang-chou* (chap. CCXXII, *a*, p. 2 v°): « Il arriva aussi que *Ngan Lou-chan* se révolta; *Ko-lo-fong* en profita pour prendre l'arrondissement de *Hi* et le camp de *Hoei-t'ong* 巂州會同軍; il s'empara de la passe *Ts'ing-k'i* 清溪關 et ainsi il écrasa le *Yue-si* 越析 et exposa la tête de *Yu-tseng* 于贈; à l'ouest en outre il soumit les pays de *Siun-tch'oan* 尋傳 et de Piao 驃 (Birmanie). Les barbares de *Siun-tch'oan* 尋傳蠻

fertiles et luxuriants; les hommes et les productions y sont nombreux et y affluent; au sud, il communique avec le *P'o-hai*[1]; à l'ouest, il est proche de *Ta-ts'in*[2]. Depuis le commencement du monde, la renommée et les enseignements[3] (des sages) n'y avaient point atteint; depuis l'époque du souverain

ont les mœurs suivantes : ils n'ont ni soie ni bourre de soie; ils marchent pieds nus sur des broussailles et des épines sans en souffrir; ils tirent avec des flèches sur les sangliers et en mangent la chair crue; dans le combat, ils enferment leur tête dans une cage en bambou qui a la forme d'un casque. A l'ouest de cette (peuplade) sont les barbares nus 裸蠻 qu'on appelle aussi les barbares sauvages 野蠻; ils vivent dispersés dans les montagnes et n'ont pas de chefs; ils font des habitations en treillis où ils demeurent. Les hommes y sont moins nombreux que les femmes; ils n'ont pas d'agriculture; ils couvrent leur corps avec de l'écorce d'arbre; les femmes sont groupées par dix ou par cinq pour servir un seul homme.» Le fait que le *Nan tchao* soumit la Birmanie nous est aussi attesté par la notice du *T'ang chou* sur le royaume de *Piao* (chap. CCXXII, *b*, p. 5 r°).

[1] Si le *Siun-tch'oan* touche au sud à la mer, c'est la preuve que l'auteur de l'inscription englobe sous le nom de *Siun-tch'oan* la Birmanie toute entière; l'expression *P'o-hai* 渤海 ne laisse pas cependant que d'être embarrassante, car elle désigne en général le golfe de *Pe-tche-li;* peut-être faut-il corriger le texte et lire 溟海 qui est le nom de la mer limitant au sud le royaume de *Piao* (Birmanie) d'après le *Kieou T'ang chou* (chap. CXCVII, p. 7 v°).

[2] On sait que, en 121 ap. J.-C., des musiciens et des jongleurs de *Ta-ts'in* 大秦 (l'Orient romain) arrivèrent en Chine en passant par le pays de *Chan* 撣 (Haute Birmanie); le Compendium des *Wei* atteste que, au IIIe et au IVe siècle de notre ère, les curiosités de *Ta-ts'in* parvenaient en Chine par une voie de mer qui les amenait en Birmanie; de là, elles passaient dans le *Yun-nan* (Cf. HIRTH, *China and the Roman Orient*, p. 179; PARKER, *The early Laos and China*, in *China Review*, vol. XIX, p. 71, n. 26).

[3] Cf. *Chou king*, chap. *Yu-kong*, 聲教訖於四海 «sa renommée et ses enseignements pénétrèrent jusqu'aux quatre mers.»

(*Fou-*)*hi*, des armées n'y avaient point pénétré. Le roi (*tchao*) voulut changer (ce peuple) en lui donnant des vêtements et des bonnets, le transformer par les rites et la justice. La onzième année (762), en hiver, lui-même avec ses officiers et ses ministres et en même temps avec ceux qui commandaient à ses troupes, coupa les arbres pour se frayer un passage, construisit des bateaux et fit des ponts; il éblouit par son prestige militaire; il enseigna par ses explications pacifiques. Ceux qui furent sincères et se soumirent, il les encouragea, les consola et leur assura le repos; ceux qui luttèrent et résistèrent, il lia leurs nuques et les mit en files nombreuses[1]. Ayant compassion de leur stupidité, il les délivra de leurs entraves; il choisit un emplacement supérieur pour y établir une ville fortifiée. Ceux dont les corps sont nus[2] vinrent d'eux-mêmes sans qu'on eût

[1] L'expression 盈貫 peut avoir des sens très différents : dans un texte de *Tchoang tse* (chap. *T'ien tse fang*, trad. LEGGE, *S. B. E.*, vol. XL, p. 53), elle signifie tendre un arc complètement, jusqu'à ce que la pointe de la flèche vienne affleurer le bois; le mot 貫 a ici le sens de 鏑 «pointe de flèche» (cf. *Chouo wen* phonétique au mot 貫). — Dans un texte du *Tso tchoan* (6e année du duc *Siuen*), cette expression signifie «combler la mesure de ses mauvaises pratiques»; le mot 貫 a ici le sens de 習 «pratique». — Dans un texte du *Chou king* (chap. *T'ai che;* LEGGE, *C. C.*, vol. III, p. 287), on lit la phrase 商罪貫盈 «les crimes de *Chang* ont comblé la mesure». — Aucun de ces sens ne paraît convenir exactement au passage que nous traduisons; ici, cette expression semble désigner une enfilade ou une file 貫 très nombreuse 盈 de prisonniers attachés les uns aux autres.

[2] Les barbares nus étaient à l'ouest du *Siun-tch'oan;* cf. p. 51, ligne 6 de la première note.

à les châtier; les *K'i-sien*[1], souhaitant subir la bonne influence, arrivèrent.

D'autre part, *Ngan-ning*[2] était une place forte de premier ordre; c'était un carrefour important des diverses peuplades *Ts'oan;* ses montagnes font face au *Pi-ki*[3]; ses ondes entoureraient le *Kie-che*[4]; ses marais salants[5] surchargent de besogne (les tra-

[1] *K'i-sien* est le nom d'une montagne; on lit dans le *T'ang chou*, chap. CCXXII, *a*, p. 1 v° : 祁鮮山之西多瘴歊 «à l'ouest de la montagne *K'i-sien*, il y a beaucoup de miasmes et de vapeurs malsaines.» Deux lignes plus bas, on lit : 大和祁鮮而西 «à l'ouest de *Ta-ho* et de *K'i-sien*». M. PARKER (*China Review*, vol. XIX, p. 75, n. 69) identifie cette région de *K'i-sien* avec la partie fiévreuse de la vallée de la Salouen décrite par COLB. BABER (*Travels and researches in western China*, p. 177-179).

[2] Cf. p. 26, n. 5. Le roi de *Nan-tchao*, vainqueur en 754 de *Li Mi*, avait pris *Ngan-ning* aux Chinois; après avoir parlé de l'expédition que *Ko-lo-fong* fit en Birmanie, l'auteur de l'inscription rappelle ici les mesures qu'il prit pour affermir sa domination dans la partie orientale de son royaume.

[3] La montagne *Pi-ki* 碧鷄山 est à 30 *li* au sud-ouest de la ville de *Yun-nan fou* et fait face, en effet, aux montagnes de *Ngan-ning*. L'origine de ce nom, qui signifie la montagne du coq de jade vert, nous est indiquée dans un passage du chapitre XXV du *Ts'ien Han chou* : «Quand l'empereur *Siuen* (73-49 av. J.-C.) eut pris le pouvoir, quelqu'un dit que, à *I tcheou* (益州 = *Yun-nan fou*), il y avait les divinités d'un cheval de métal (金馬) et d'un coq de jade vert (碧鷄); en leur sacrifiant avec des offrandes, on pouvait les évoquer.» Le commentaire ajoute : «La figure du métal ressemble à un cheval; la figure du jade vert ressemble à un coq.» Le cheval et le coq sont donc les formes sous lesquelles se manifestaient le métal et le jade vert.

[4] Le fameux promontoire au nord du golfe du *Pe-tche-li*.

[5] Les puits salants, qui étaient autrefois au nombre de quatre et qui sont aujourd'hui au nombre de cinq, sont à l'ouest de la préfecture secondaire de *Ngan-ning* (cf. *Tien-hi*, V, 1, p. 21 v°).

vailleurs)[1]; le profit qu'on en retire s'étend jusqu'à *Tsang-ko*[2]; les villes fortifiées et les bourgs s'y prolongent en file continue; cette configuration réunit les (barbares) *Jong* et *P'e*. Alors (*Ko-lo-fong*) institua un surveillant de la ville qui eut la charge de réunir ceux qui étaient abandonnés et séparés. Ainsi ceux qui étaient loin et ceux qui étaient près se donnèrent appui; les portes des villages furent serrées comme les dents d'un peigne[3].

La douzième année (763), en hiver, le roi (*tchao*) attendit d'être de loisir pour examiner son territoire; il observa les mœurs et entoura de sollicitude ceux qui vivaient cachés. Il s'arrêta à *Koen-tch'oan*[4] et en étudia la configuration; il déclara que les montagnes et les fleuves pouvaient y former un écran contre les peuples de la frontière, que les eaux et les terres pouvaient y nourrir les hommes[5].

La quatorzième année (765), au printemps, il

[1] Cf. *Che King, Siao ya*, VIe décade, ode 1 : 或王事鞅掌 «il en est qui sont surchargés au service du roi».

[2] C'est-à-dire jusqu'à la préfecture de *Se-nan* 思南 dans le *Koei-tcheou*.

[3] Cf. *Che king, Tcheou song*, IIIe décade, ode 6 : 其比如櫛 «ils sont serrés les uns contre les autres comme les dents d'un peigne».

[4] *Koen tch'oan*, ou plutôt *Koen tcheou*, 昆州 est un ancien nom de *Yun-nan fou*.

[5] Cf. *Chou king*, chap. *K'ang wang tche kao* (LEGGE, *C. C.*, vol. III, p. 567) : 乃命建侯樹屏 «alors ils nommèrent et instituèrent des seigneurs et établirent des écrans». Commentaire : «Ils nommèrent des seigneurs pour en faire des écrans contre les peuples de la frontière» 以爲藩屏.

ordonna à son fils aîné, *Fong-kia-i*, d'établir à *Koen-tch'oan* la ville fortifiée de *Tche-tong*[1]; il y plaça deux chefs (*tchao*) pour l'administrer. Alors son prestige imposa la crainte à (la région de) *Pou-t'eou*[2]; sa bienfaisance gagna (les gens de) *K'iu* et de *Tsing*[3]; partout où atteignirent les ordres qu'il répandit, d'un cœur unanime on y obéit en baissant la tête.

Notre roi a une énergie qui contient en elle l'équilibre et l'harmonie[4]; il a une vertu qui renferme (la puissance de) couvrir et celle de nourrir[5]. Ses facultés sortent de la commune mesure[6]; son discernement est de proportions telles qu'il est éminent dans le monde. Ses vues élevées dominent[7] à quatre-vingt mille pieds de hauteur; les plans qu'il combine décident la victoire à mille *li* de distance[8]. Lorsqu'il voit une occasion opportune, il s'ébranle[9]; il profite

[1] 拓東城; c'est donc la ville de *Yun-nan fou*.

[2] Cf. p. 27, n. 1.

[3] Cf. p. 36, n. 4.

[4] Cf. *Tchong yong*, I, 4 : 中也者天下之大本也。和也者天下之達道也 «L'équilibre est la grande racine de l'univers; l'harmonie est la voie générale de l'univers».

[5] De couvrir tous les êtres comme le Ciel les couvre et de les nourrir comme le fait la Terre.

[6] 人右 «à droite des hommes», c'est-à-dire «au-dessus des hommes, au dessus de la commune mesure».

[7] Cf. *Luen yu*, IX, 10 : 如有所立卓爾 «il y a comme quelque chose qui se dresse à une grande hauteur».

[8] Cf. *Se-ma Ts'ien*, chap. LV, p. 3 v° : 運籌策帷帳中決勝千里外子房功也 «De l'intérieur des tentures (c. à d. «dans une maison», et non sur le champ de bataille), combiner des plans qui décident de la victoire à mille *li* de distance, tel a été le mérite de *Tse-fang* (*Tchang Leang*)».

[9] Cf. *Tso tchoan*, 12ᵉ année du duc *Siuen* : 會閒用師觀

des situations avantageuses pour faire réussir des actions glorieuses. Sa conduite s'accorde avec une intelligence divine; il semble que le Ciel lui ouvre la voie[1]. C'est pourquoi il a pu, quand il attaquait des villes fortifiées, abaisser ses ennemis et remporter la victoire comme un dieu. Il change le péril en tranquillité; il transforme l'infortune en prospérité. Il continue et développe l'œuvre de ses ancêtres; il agrandit et étend les plans royaux. Il s'assied le visage tourné vers le sud en se donnant le nom d'orphelin[2]; il gouverne le côté oriental et s'y conduit en maître. Ensuite il a mis en honneur les vertus pacifiques et les vertus guerrières; dans l'administration, il a établi cent fonctions. Il a donné son rang à ce qui était honorable et mis à sa place ce qui était vil; dans les dignités il a distingué neuf degrés. Il a ouvert la porte aux trois religions[3]; il a reçu les hôtes aux portes des quatre points cardinaux[4]. Le *yn* et le *yang* ont été en ordre et le soleil et la lune n'ont point commis d'erreur; ses récompenses et ses châtiments ont été sages, et les pervers et les méchants ont éloigné les traces de leurs pas. Il a compris les

釁而動 «Moi, *Hoei*, j'ai appris que, pour faire la guerre, on ne doit s'ébranler que lorsqu'on voit une occasion opportune».

[1] Cf. *Tso tchoan*, 23e année du duc *Hi* : 臣聞天之所啓人弗及也 «J'ai entendu dire que celui à qui le Ciel ouvre la voie, les hommes ne peuvent l'atteindre».

[2] Cf. *Li ki*, chap. *Yu tsao* (Legge, *S. B. E.*, vol. XXVIII, p. 27) : «Tout prince d'un petit État s'appelle lui-même «orphelin».

[3] Le Confucéisme, le Taoïsme et le Bouddhisme.

[4] Cf. *Chou king*, chap. *Choen tien* : 賓于四門 «il reçut les hôtes aux portes des quatre points cardinaux».

trois principes[1] pour déterminer les rites; il s'est servi des six accumulations[2] pour régler le pays. Sa bonne foi s'est étendue jusqu'aux porcs et aux poissons[3]; ses bienfaits ont fertilisé jusqu'aux plantes et aux arbres. Il a arrêté et retenu les eaux débordées et les plateaux élevés sont devenus des champs de riz et de millet; il a fait communiquer et a ouvert les bassins et les étangs, et les lieux bas ont été plantés de la végétation des jardins et des bois. Il a changé la pauvreté en richesse; il a transporté ce qu'il y avait là où il n'y avait rien[4]. Les familles ont eu l'abondance qui provient des mûriers plantés sur une surface de cinq *meou*[5]; le royaume a entassé dans ses greniers des provisions pour neuf années. L'étendue et la profondeur de ses bienfaits se sont accumulées jusque sur les fauteurs de troubles[6]; ses dons de

[1] 三才, le Ciel, la Terre et l'Homme.

[2] 六府, l'eau, le feu, le métal, le bois, la terre, les céréales. Cf. *Chou king*, chap. *Ta Yu mo*.

[3] Phrase tirée du *I king* (LEGGE, *S. B. E.*, vol. XVI, p. 263).

[4] Cf. *Chou king*, chap. *I* et *Tsi* (LEGGE, *C. C.*, III, p. 78) : 遷有無 «échanger ce qu'ils ont contre ce qu'ils n'ont pas». Le commentateur *Lin Tche-k'i* explique cette phrase en disant 徙有之無, par exemple en transportant du poisson et du sel dans les pays de montagnes, ou en transportant le bois tiré des forêts dans les pays bas.

[5] Cf. Mencius, I, *a*, 3 (LEGGE, *C. C.*, vol. II, p. 7) : 五畝之宅樹之以桑 «que les cinq *meou* réservés aux habitations soient plantés de mûriers».

[6] Le mot 蠢 signifie «le mouvement des insectes»; il désigne par suite ceux qui s'agitent d'une manière insupportable comme les insectes, à savoir les fauteurs de troubles. Cf. *Tso tchoan*, 24e année du duc *Tchao* : 今王室實蠢蠢焉 «Maintenant en vé-

joyaux et de pièces de soie ont atteint les vieillards de soixante ans. Il a institué des difficultés pour prévenir le mal et s'est appuyé sur des défilés pour y élever la fermeté de remparts solides; une onde surnaturelle purifiait des maladies et sur les escarpements multipliés il a fait jaillir la source où l'on se lave la tête et le corps[1]. Les chevaux célestes de *Yue-tan*[2] naquirent dans la banlieue de la ville; les eaux courantes de *Ta-li*[3] servirent à laver les soies bigarrées. A l'ouest, il ouvrit (le pays de) *Siun-tch'oan*[4]; (la localité de) *Lou-p'i*[5] produisit l'or de la rivière *Li*[6]; au nord, il fut contigu aux montagnes

rité la maison royale a été plongée dans le trouble». Le commentaire explique les deux mots *tch'oen tch'oen* en disant 動擾貌 «l'état d'être ébranlé et troublé».

[1] L'expression 湯沐之邑 désigne les villes du domaine impérial qui étaient données en fief à des seigneurs pour qu'ils pussent s'y purifier avant de paraître devant le Fils du Ciel (Cf. *Li ki*, chap. *Wang tche;* LEGGE, *S. B. E.*, vol. XXVII, p. 247). Ici l'expression *t'ang mou* implique uniquement l'idée de purification, et non celle de fief ou d'apanage.

[2] D'après le *Tien hi* (V, 2, p. 5 v°), *Yue-tan* 越賧 serait l'actuel *T'eng-yue* 騰越 (Momein).

[3] 大利. Peut-être faut-il identifier cette localité avec la ville de *Ta-li* 大釐 dont *P'i-lo-ko* s'était emparé en 738, et qui, d'après le *Tien hi* (I, 1, p. 23 v°) se serait trouvée à l'est de la préfecture secondaire de *Tchao* 趙.

[4] La Birmanie; cf. p. 50, n. 3.

[5] 祿郫.

[6] 麗水. La rivière *Li* était le nom ancien du *Kin-cha kiang* (haut *Yang-tse*) : 金沙江古名麗水 (*Tien hi*, X, 2, p. 11 v°); le souvenir de cette dénomination s'est conservé dans le nom de la préfecture de *Li-kiang fou* 麗江.

Yang[1]; *Hoei-tch'oan*[2] recueillit les précieuses turquoises. Les peuples de la frontière méridionale se sont réfugiés et ont accouru auprès de lui; les rois (*tchao*)[3] qu'il a renversés ont désiré être ses sujets extérieurs; les *Ts'oan* orientaux[4] ont tous fait retour à lui; (la région de) *Pou-t'eou*[5] est devenue partie intégrante de son territoire. Pour établir sa capitale il a mis une garnison et une barrière; l'argent est produit dans le bourg de *Mo-tsoei*[6]; il a attendu d'être de loisir pour inspecter son territoire; son équipage s'est reposé dans la plaine de *Tong-t'ing*[7]. C'est là sans

[1] 陽山.

[2] 會川. Sur le territoire de la préfecture secondaire de *Hoei-li* 會理, préfecture de *Ning-yuen*, province de *Se-tch'oan*.

[3] Il doit être fait ici allusion aux cinq autres *tchao* vaincus par le *Nan-tchao*.

[4] Cf. p. 26, n. 6.

[5] Cf. p. 27, n. 1.

[6] 墨觜. Cette localité devait se trouver dans le voisinage de la préfecture de *Tch'ou-hiong* 楚雄, dans le *Yun-nan*. La ville de *Tch'ou-hiong* s'appelait autrefois *Wei-tch'ou*; or voici ce qu'on lit dans le *Tien hi* (I, 1, p. 31 v°) : 威楚在蒙詔時爲斂生黑觜之鄉因置銀生節度. Ce texte me paraît corrompu et je crois qu'il faut substituer le mot 銀 au mot 斂 et le mot 墨 au mot 黑; la phrase signifie alors : « *Wei-tch'ou*, à l'époque du *Mong-tchao* (c.-à-d. du *Nan-tchao*) formait les bourgades de *Yn-cheng* et de *Mo-tsoei*; c'est pourquoi on établit (là) le gouvernement de *Yn-cheng*. » Le gouvernement de *Yn-cheng* était un des six gouvernements (*tsie-tou*) entre lesquels était divisé le royaume de *Nan-tchao*; les cinq autres gouvernements étaient ceux de *Tche-tong* 拓東 (*Yun-nan-fou*), de *Long-tong* 弄棟 (*Yao-tcheou*), de *Yong-tch'ang* 永昌 (*Yong-tch'ang fou*), de *Kien-tch'oan* 斂川 (*Kien-tch'oan tcheou*) et de *Li-choei* 麗水 (*Li-kiang fou*).

[7] La région du lac *Tong-t'ing*, dans la province de *Hou-nan*.

doute un effet qui dérive de l'éminence des hommes et des qualités surnaturelles de la terre, de l'excellence des productions et de la perfection des influences.

Alors donc les rhinocéros et les éléphants, les objets précieux et rares, les tributs et les offrandes sont arrivés au complet. A l'est et à l'ouest, au sud et au nord, la fumée et la poussière[1] n'ont pas volé (dans l'air). Au loin et au près on n'a plus eu à redouter les pillages; les têtes noires[2] eurent une prospérité telle qu'on entendait frapper le tambour[3]. Alors on put relever la tête avec fierté à *K'iong-nan*[4], jeter des regards assurés au-delà des mers[5].

Comment notre roi cadet aurait-il pu parvenir par lui seul (à un tel résultat)? En vérité (s'il y est parvenu), c'est grâce à notre *btsanpo* saintement divin, empereur céleste[6]. Sa vertu s'étend sans limites; son prestige s'impose aux régions bien ordonnées[7]. Quand

[1] La fumée des signaux d'alarme et la poussière des champs de bataille.

[2] L'expression «les têtes noires» est le surnom par lequel *Ts'in-Che-hoang-ti* désignait le peuple; cf. *Se-ma Ts'ien*, trad. fr., t. II, p. 133, n. 2.

[3] L'expression 擊鼓 signifie dans le *Che king* (section *Kouo fong*, 3e décade, ode 6), «battre les tambours de guerre». Mais ici, le contexte veut évidemment qu'il s'agisse des tambours qu'on bat en signe de réjouissance.

[4] 邛南.

[5] L'expression 海表 «au delà des mers» se retrouve dans le *Chou king* (chap. *Li tcheng*; Legge, *C. C.*, vol. III, p. 521).

[6] La leçon du *Tien hi* 天地, est erronée; il faut lire 天帝, comme dans le *Kin che tsoei pien*.

[7] Cette expression paraît désigner ici la Chine par allusion à

les nuées printannières se répandent, les dix mille sorte d'êtres en sont toutes humectées[1]; quand le vent chargé de gelée blanche descend, les quatre mers[2] se flétrissent et déclinent[3]. Ainsi il a pu enlever (leurs possessions) à ceux qui faisaient des troubles et combattre ceux qui s'obstinent dans l'erreur[4]; il a fixé une ville capitale pour assurer le repos[5] au peuple; il s'est annexé les faibles et a traité avec mépris ceux qui allaient à leur perte; il a écrit à l'empereur de Chine et a continué avec lui les bonnes relations[6].

Alors les *ts'ing-p'ing-koan Toan Tchong-kouo, Toan Siun-ts'iuen* et d'autres, dirent tous : « Quand celui qui possède le royaume développe au plus haut degré la raison, c'est une qualité excellente du prince et

cette phrase du *Che king* (*Chang song*, ode 4, str. 6) : 九有有截 « les neuf régions furent mises en ordre ».

[1] C'est-à-dire que, quand le btsanpo tibétain répand sa bienveillance, tous les êtres en éprouvent le bénéfice.

[2] On sait que cette expression désigne les barbares des quatre points cardinaux.

[3] Le mot 秋 a ici la valeur d'un verbe; il implique l'idée de décadence et de châtiment que comporte, dans les idées chinoises, le concept de l'automne; c'est en automne que se font les exécutions capitales. La phrase signifie donc que lorsque le btsanpo donne libre cours à sa colère, tous les êtres reçoivent leur châtiment.

[4] Cf. *Chou king* (chap. *Tchong-hoei tche kao;* LEGGE, *C. C.*, vol. III, p. 181) : 兼弱攻昧取亂侮亡 « Annexez-vous les faibles; combattez ceux qui s'obstinent dans l'erreur; enlevez (leurs possessions) à ceux qui font des troubles; traitez avec mépris ceux qui vont à leur perte ».

[5] 息 = 安.

[6] L'expression 繼好 se retrouve dans le *Tso tchoan* (1re année du duc *Siang*).

roi; quand il y a cette qualité excellente et qu'on ne l'exalte pas, c'est une faute de la part des sujets. La vertu est ce par quoi on élève les actions méritoires; les actions méritoires sont ce par quoi on fonde l'œuvre. Quand l'œuvre a été accomplie avec succès, si on n'en prend pas note, comment nos successeurs dans la suite pourront-ils voir (ce qui a été fait)? Il convient de tailler une pierre et de graver une stèle, de commémorer les mérites et de célébrer la vertu, pour que (le souvenir) s'en transmette sans s'altérer, pour qu'il pénètre dans l'avenir. Or (les membres de) notre famille[1] ont été de génération en génération sujets de la Chine (*Han*) et les huit rois[2] ont été dignes de l'œuvre (entreprise par la dynastie) des *Tsin;* les inscriptions des cloches[3] se sont succédé d'âge en âge et ce sont cent générations qui s'af-

[1] La famille dont il est ici question est la famille *Toan* 段 à laquelle appartenaient les *ts'ing-p'ing-koan*, *Toan Tchong-kouo* et *Toan Siun-ts'iuen;* c'était, comme on le voit par ce texte, une famille d'origine chinoise; elle devait, en l'an 938, se substituer à la famille *Tcheng* 鄭, qui avait, en 902, renversé la dynastie indigène du *Nan-tchao* (cf. p. 397, n. 1, *ad fin.*); le royaume qu'elle fonda prit le nom de royaume de *Ta-li* 大理.

[2] Les huit rois dont il est ici question sont *Siuen ti* 宣帝 et ses sept frères (cf. *P'ei wen yun fou*, à l'expression *pa wang*); *Siuen ti*, mort en 251 après J.-C., est regardé comme le fondateur de la dynastie *Tsin*, quoiqu'il n'ait pas été effectivement empereur. Il est probable que la famille *Toan* aida les huit rois à établir la dynastie des *Tsin* et que c'est pour cette raison qu'on rappelle ici le souvenir des huit rois.

[3] Cette phrase signifie que la famille *Toan* joua un rôle glorieux et que d'âge en âge les inscriptions élogieuses gravées sur les cloches conservèrent le souvenir des actions d'éclat accomplies par elle.

firment sous le présent règne[1]. A notre naissance nous nous trouvâmes sans ciel[2]; derechef nous tombâmes dans la déchéance et la ruine[3]. Mais grâce aux vertus laissées par nos vénérables ancêtres, nous avons reçu l'immense bienfait qu'on vint rechercher les représentants des anciennes familles[4]. A nouveau[5] nous reçûmes la charge de *ts'ing-p'ing*[6] pour servir en même temps d'oreilles et d'yeux (au souverain). Nous songeons dans notre cœur à *Ki-fou*[7], mais nous

[1] En d'autres termes, les membres actuels de la famille *Toan* sont les représentants d'ancêtres illustres.

[2] Le mot 天 «ciel» désigne ici le souverain. Au moment où le *Nan-tchao* conquit tout le *Yun-nan* et une partie du *Se-tch'oan*, la famille *Toan* se trouva privée de son souverain naturel qui était l'empereur de Chine.

[3] Allusion à l'époque troublée qui succéda aux conquêtes du *Nan-tchao*.

[4] Quand le roi du *Nan-tchao* eut affermi son pouvoir, il chercha à s'entourer des anciennes familles chinoises qu'il trouva dans le territoire qu'il s'était annexé; c'est ainsi qu'il distingua la famille *Toan* et conféra à ses membres les plus hautes dignités. — L'expression 求舊 est tirée du *Chou king* (chap. *P'an-keng*, 1re partie, § 13) : 人惟求舊。器非求舊惟新。«Quand il s'agit d'hommes, nous recherchons ceux qui sont d'ancienne (famille); quand il s'agit d'objets, nous recherchons, non les vieux, mais les neufs».

[5] C'est-à-dire que, sous la domination du *Nan-tchao*, comme sous celle de la Chine, les *Toan* eurent des fonctions élevées.

[6] Cf. p. 48, n. 1.

[7] *Ki-fou* se donne comme l'auteur des odes 5 et 6 de la 3e décade du *Ta-ya* (Legge, *C. C.*, vol. IV, p. 540 et 545). — *Toan Tchong-kouo* et *Toan Siun-ts'iuen*, chargés de célébrer les mérites de *Ko-lo-fong*, voudraient que leurs éloges fussent à la hauteur de ceux que *Ki-fou* a décernés aux rois de la dynastie *Tcheou*, et ils rougissent de n'y point parvenir.

rougissons que nos éloges ne soient pas à la hauteur des poésies des *Tcheou*; notre résolution est d'imiter *Hi-se*[1] et nous voudrions égaler notre voix aux odes sacrificatoires de *Lou*. Enregistrer la gloire et publier les mérites, en vérité c'est ce qu'on peut déclarer une grande et noble entreprise. Tout en considérant l'infériorité de nos talents, nous avons donc osé rappeler par écrit l'influence (du roi) et son illustration.

L'éloge rimé est ainsi conçu[2] :

On a fait descendre la prospérité du ciel; — ce bonheur se propage dans les générations ultérieures;

[1] *Hi-se* est mentionné dans l'ode 4 de la 2e décade des odes sacrificatoires de *Lou* (LEGGE, *C. C.*, vol. IV, p. 629) comme ayant construit un fort beau temple; ici, on semble croire qu'il a composé l'ode elle-même.

[2] Cet éloge se compose de douze strophes de quatre vers; chaque strophe est construite sur une rime; chaque vers est formé de deux hémistiches qui ont chacun quatre syllabes; le dernier vers de la 10e strophe fait seul exception; il est constitué par deux hémistiches de six syllabes. — Les rimes sont les suivantes: 1re strophe : 孕, 信, 振, 印, au *k'iu cheng;* — 2e strophe : 亂, 爨, 散, 叛, au *k'iu cheng;* — 3e strophe : 繼, 裔, 嬖, 殪, au *k'iu cheng;* — 4e strophe : 久, 口, 守, 走, au *chang cheng;* — 5e strophe : 爭, 城, 平, 庭, au *p'ing cheng;* — 6e strophe : 轍, 絕, 滅, 設, au *jou cheng;* — 7e strophe : 變, 援, 縣, 戰, au *k'iu cheng;* — 8e strophe : 烈, 哲, 傑, 滅, au *jou cheng;* — 9e strophe : 賓, 仁, 珍, 親, au *p'ing cheng;* — 10e strophe : 寢, 品, 錦, 廩, au *chang cheng;* — 11e strophe : 光, 昌, 疆, 長 au *p'ing cheng;* — 12e strophe : 右, 玖, 朽, 久, au *chang cheng.* — On voit que, dans cette pièce de vers, les rimes de chaque strophe sont respectivement au même ton; on ne confond pas ensemble les trois tons *chang, k'iu, jou,* qui, dans d'autres pièces de poésie, peuvent rimer ensemble, étant tous trois considérés comme les tons obliques 仄, par opposition au *p'ing cheng* 平.

Le gage des apparitions favorables n'est point vide de sens; — les présages exacts sont certainement dignes de foi.

Le saint souverain distribue sa sollicitude; — dans les contrées les plus éloignées sa renommée fait trembler;

Il possède par hérédité un fief transmis depuis longtemps; — il a reçu la tablette divisée[1] en même temps que le sceau.

(*Tchang-k'ieou*) *Kien-k'iong*[2] prit en main le guidon de commandement; — avide de gloire, il fomenta des troubles;

Il ouvrit un chemin (qui menait dans le) *Ngan-nan*[3]; — il attaqua et opprima les *Ts'oan* orientaux.

Tchou Ts'ien[4] fut tué; — ses officiers et ses soldats, on les mit en déroute et on les dispersa[5].

Grâce à l'appui des rois précédents, — nous chérîmes ceux qui cédèrent et nous abattîmes ceux qui se révoltèrent.

L'heureux apanage ne manqua pas d'hommes

[1] La tablette dont le suzerain gardait une moitié tandis qu'il donnait l'autre moitié au seigneur vassal.

[2] Cf. p. 26, l. 11 et 12.

[3] Cf. p. 27, l. 1.

[4] Cf. p. 28, l. 2.

[5] Le mot 散 est ici au *k'iu cheng*, à cause de la rime; il doit donc avoir une valeur transitive : « on les dispersa », et non « furent dispersés ».

sages[1]; — les actions méritoires de nos prédécesseurs furent continuées.

Le gouverneur[2] d'une commanderie fut trompeur et obséquieux[3]; — il fut dégradé personnellement et envoyé à une frontière lointaine.

Le malheur continua avec (*Tchang*) *K'ien-t'o*[4]; — il porta les troubles au plus haut degré, cet homme vil et méprisable;

Il n'en retira que la calamité, et non autre chose[5]; — ce porc vivant dans la boue se tua lui-même.

(*Sien-yu*) *Tchong-t'ong*[6] exerça le gouvernement; — il ne combina pas des plans de longue durée;

Il appela des soldats des confins maritimes; — il établit son camp à *Kiang-k'eou;*

Son cœur inflexible[7] ne nous accueillit pas; — les épées nues, nous nous observâmes mutuellement;

[1] De génération en génération, les titulaires du fief furent des hommes sages. Cf. p. 50, l. 2 et 3.

[2] *Li Mi*, cf. p. 30, l. 9 et 10.

[3] Cf. *Che king*, section *Ta ya*, 2e décade, ode 9, strophe 1 : 無縱詭隨 « Ne soyez pas indulgent pour ceux qui sont pervers et obséquieux ».

[4] Cf. p. 30, l. 12 et suiv.

[5] Cf. *Che king*, section *Siao ya*, 7e décade, ode 3, strophe 1 : 豈伊異人。兄弟匪他。 « Comment seraient-ils des étrangers? Ce sont vos frères, et non d'autres. »

[6] Cf. p. 34, l. 17 et suiv.

[7] L'expression 矢心 ne se trouve pas dans le *P'ei wen yun fou*. Le mot 矢 « flèche » comporte parfois l'idée de rectitude ou d'inflexibilité; c'est ce qui motive notre traduction. Peut-être cependant y aurait-il lieu d'introduire ici une correction de texte et d'écrire 失心 « il perdit notre affection ».

Ses desseins visaient à des choses mauvaises; — ses soldats en fuite s'échappèrent pendant la nuit.

Les Chinois (*Han*) ne s'inquiétèrent pas de la vertu, — et entrèrent en contestation avec nous par la violence;

Ils levèrent des soldats et nommèrent des généraux; — ils établirent une préfecture et exhaussèrent les remparts.

Nos trois armées allèrent les châtier; — en une seule entreprise elles rétablirent le calme;

La foule de leurs officiers qui se présentaient les mains liées derrière le dos — fut offerte en toute hâte à la cour céleste[1].

Li Mi prit le commandement des soldats; — il continua encore à aller dans les ornières où l'on verse;

Il livra bataille par eau; il attaqua par terre; — ses renforts le délaissèrent; ses approvisionnements furent interceptés.

Sa situation fut désespérée et il se trouva à bout de ressources; — son armée fut détruite et lui-même périt.

Nous offrîmes un sacrifice et nous les enterrâmes; — c'est par[2] bonté d'âme que nous fîmes cela.

[1] La cour céleste doit désigner ici la cour du *btsanpo* tibétain.

[2] Au lieu de 繇, le *Kin che tsoei pien* donne la leçon 由; les deux mots ont d'ailleurs le même sens; quant à l'estampage, il est illisible en cet endroit.

Le *btsanpo* est bon et sage; — il a examiné et connaît les vicissitudes des choses;

La vertu des Chinois se trouvait alors en décadence; — leurs villes de la frontière manquaient de renforts;

Il donna le signal à nos soldats, — qui attaquèrent leurs commanderies et leurs sous-préfectures;

Yue-hi reçut son châtiment; — *Hoei-t'ong* ne résista pas[1].

Très brave, (notre roi) a succédé par droit de primogéniture; — sa haute renommée est excellente et éclatante;

Il est animé de piété filiale et de loyalisme; — il est intelligent et perspicace;

Son naturel est doux et bon; — ses capacités sont telles qu'il est éminent parmi les hommes[2].

(La région de) *K'iong* et de *Lou*[3] fut balayée en une fois; — l'armée et la commanderie[4] ensemble furent anéanties.

Il passa en revue ses soldats dans le (pays de) *Siun-tch'oan*[5]; — tous les royaumes vinrent se soumettre;

[1] Cf. p. 48, l. 12-15.

[2] Voici, d'après le *Kin che tsoei pien*, le texte de ces deux phrases qui sont omises dans le *Tienhi* : 性惟温良○才稱人傑○.

[3] Cf. p. 23, n. 1, et p. 49, n. 5.

[4] Je substitue au mot 羣 la leçon 郡 du *Kin che tsoei pien*; ici l'estampage est illisible.

[5] Cf. p. 50, n. 3.

Il parcourut et favorisa de sa venue les *Ts'oan* orientaux; — on chérit sa vertu et on se mit sous la protection de sa bonté.

La mer de jade vert déploya pour lui toutes ses faveurs; — la caverne d'or lui offrit ses joyaux.

Les hommes ne reconnaissent pas toujours le même maître; — c'est seulement le sage auquel ils s'attachent.

Le sol et les territoires purent être ouverts; — la fumée et la poussière [1] se reposèrent;

Les essieux des chars s'entrechoquèrent [2] à *Li-k'eng;* — il y eut un éclat continu [3] sur toutes les catégories d'êtres;

Ce furent des sorties et des entrées (continuelles) à *Lien-tch'eng;* — la gloire s'éleva et on revêtit des habits en soie ornée.

Son œuvre subsiste comme une base pour dix-mille générations; — ses greniers accumulèrent des provisions pour neuf années.

Très intelligent est le *btsanpo;* — il a l'éclat des haches et des boucliers [4].

[1] Cf. p. 60, n. 1.

[2] La prospérité fut si grande que les chars étaient serrés les uns contre les autres dans les rues.

[3] L'expression 絹熙 se retrouve quatre fois dans le *Che king.*

[4] Cela signifie sans doute que le *btsanpo* a un grand prestige militaire. Le mot *yang* a ici le sens de hache de guerre 鉞. — Cf. *Che king*, section *Ta ya*, 3e décade, ode 6, strophe 1 : 干戈戚揚 « avec les boucliers et les lances et les haches grandes et petites ». — *Li ki*, chap. *Yo ki* (LEGGE, *S. B. E.*, vol. XXVIII,

Très brave est notre roi; — il a la prospérité (que lui assure) un réel appui[1].

La transformation (qu'il opère) s'étend jusqu'aux chefs de territoires[2]; — son œuvre resplendit sans limites.

(Cela durera) tant que le *Ho* ne sera pas comme une ceinture et que la Montagne ne sera pas comme une pierre à aiguiser[3], — aussi longtemps que la Terre, aussi éternellement que le Ciel.

Son discernement est tel qu'il le rend éminent dans le monde; — ses capacités sortent de l'ordinaire[4];

Sa bonne foi atteint jusqu'aux porcs et aux poissons[5]; — sa bienfaisance est aussi intense que le jade rouge et le jade noir (sont beaux).

Par la vertu, il a fondé son œuvre glorieuse; — c'est ce qu'on peut appeler quelque chose d'impérissable.

Nous servant d'une pierre, nous avons gravé cet éloge — pour qu'il puisse se prolonger, pour qu'il puisse durer longtemps.

p. 105) : 樂者非謂黃鍾大呂弦歌干揚也。« La musique n'est pas définie par les tuyaux *hoang-tchong* et *ta-lu*, par les instruments à corde et les chants, par les boucliers et les haches. »

[1] L'alliance avec le *btsanpo* tibétain,

[2] Cf. *Chou king*, chap. *Lu hing* (Legge, *C. C.*, vol. III, p. 601): 來有邦有土 « Venez, chefs de principautés et de territoires ».

[3] Cf. p. 43, n. 6.

[4] Cf. p. 55, n. 6.

[5] Cf. p. 57, n. 3.

www.ingramcontent.com/pod-product-compliance
Lightning Source LLC
LaVergne TN
LVHW020449230826
846091LV00004B/1615

* 9 7 8 2 0 1 3 6 3 4 2 3 6 *